"双高"建设背景下高职院校产教融合研究

刘 蕾 著

中国原子能出版社

图书在版编目（CIP）数据

"双高"建设背景下高职院校产教融合研究 / 刘蕾
著. --北京：中国原子能出版社，2023.9
ISBN 978-7-5221-3036-1

Ⅰ. ①双⋯ Ⅱ. ①刘⋯ Ⅲ. ①高等职业教育–产学合
作–研究–中国 Ⅳ. ①G718.5

中国国家版本馆 CIP 数据核字（2023）第 192783 号

"双高"建设背景下高职院校产教融合研究

出版发行	中国原子能出版社（北京市海淀区阜成路 43 号 100048）	
责任编辑	白皎玮	
责任印制	赵 明	
印 刷	北京天恒嘉业印刷有限公司	
经 销	全国新华书店	
开 本	787 mm×1092 mm 1/16	
印 张	12.25	
字 数	214 千字	
版 次	2023 年 9 月第 1 版 2023 年 9 月第 1 次印刷	
书 号	ISBN 978-7-5221-3036-1	**定 价** 76.00 元

发行电话：**010-68452845** 版权所有 侵权必究

前　言

当今社会，科技日新月异，经济结构不断调整，对人才的需求也发生了巨大变化。传统的教育体制面临着诸多挑战，急需通过创新来适应社会的发展需求。中国特色高水平高职学校和专业建设计划简称"双高计划"，在"双高"建设的指导下，高职院校成为连接学校和产业的纽带，肩负起培养应用型、创新型人才的崇高使命。产教融合作为一种新型的教育模式，应运而生，成为高职院校实现"双高"目标的关键路径。

"双高"建设是我国教育事业中的一项重要战略，旨在推动高等教育与产业深度融合，培养更符合社会需求的高素质人才。高职院校，作为"双高"建设的关键组成部分，承担着培养技能型人才的重要使命。在这一背景下，产教融合成为实现高职院校目标的关键路径之一，引领着教育体制的创新与发展。

本书是对当前中国高职院校教育改革发展的一次深刻反思与探索。本书以"双高"建设为背景，聚焦于高职院校产教融合，旨在深入挖掘并探讨高职院校如何更好地实现与产业的融合，促进校企双方优势互补，为培养适应社会需求的应用型人才提供有力支持。

本书力求全面、深入地研究高职院校产教融合的理论与实践问题，旨在为推动我国高职教育事业的发展贡献一份力量。通过本书的阐述，期望引起社会对高职院校产教融合的关注，推动相关领域的理论和实践不断向前发展。最后，感谢所有为本书提供支持和帮助的专家学者及同仁，愿我们共同努力，推动高职院校产教融合事业走向更加美好的未来。

目　录

第一章

职业教育概述

职业教育，作为人类社会教育系统中的一个重要类别，伴随着人类社会经济的不断发展变化而经历了诸多不同的发展时期。本章分为职业教育的内涵、高职教育理念的思辨、高等职业教育发展的新坐标三部分。主要内容包括职业教育的概念、职业教育的特性、职业教育的目的、职业教育的功能、职业教育的分类等方面。

第一节　职业教育的内涵

一、职业教育的概念

关于职业教育概念界定的相关论述颇为丰富。立足点不同，所给出的概念解释的侧重点就会存在较大差异。对已有的诸多概念解释无法逐一而论，但可以选取比较具有代表性和典型性的观点加以分析。

（一）国际上对职业教育概念的界定

1. 国际组织对职业教育概念的界定

（1）世界银行

1993 年，世界银行做出规定，职业教育是在学校中为技术工人做准备的，部分课程是专门职业理论和实践；技术教育是为技术人员做准备的，大多在中学后进行，这些机构大多被称为理工或工业学院。世界银行把职业教育分成了九类：传统的学徒训练、常规的学徒训练、企业培训、部分培训机构、与项目相关的培训、中等职业学校、综合性学校、多样化中等学校和职业学校。

（2）国际教育标准分类法

1997年，国际教育标准分类法规定，职业前或技术前教育：一是主要为学生进入劳务市场和准备让他们学习职业或技术教育课程而设计的教育；二是主要为引导学生掌握在某特定的职业或行业，或某类行业所需的实际技能、知识而设计的教育。

（3）联合国教科文组织

联合国教科文组织在2001年发布了《关于技术和职业教育建议的修正意见》。在这份文件中，"技术与职业教育"是作为一个综合术语来使用的，它所指的教育过程除涉及普通教育之外，还涉及学习与经济和社会生活各部分的与其职业有关的技术及各门科学，以及获得相关的实际技能、态度、理解能力和知识。

文件指出，技术和职业教育应当被进一步理解为：一是普通教育的有机组成部分；二是为在职业场所和工作世界中进行有效工作而准备的一种方式；三是终身学习的一个方面并且是成为尽责公民必要的途径；四是推进环境健康可持续发展的手段；五是促使贫穷得以缓解的方法。

2. 不同国家对职业教育概念的界定

（1）瑞典——《国际教育百科全书》

瑞典教育家胡森等人主编的《国际教育百科全书》，对"职业教育"概念的解释是从"技术和职业教育与培训"的教育内涵进行分析和描述的。在任何一个国家，通常可以认为技术和职业教育与培训至少跟一个独立的机构设置中的一个或者多个相关，这三个独立的机构设置包括正规学校、学校后职业培训机构和那些或大或小的工业或者经济企业。因此，此书中将技术和职业教育与培训区分为"基于学校的技术和职业教育与培训""在职期间基于学校的技术和职业教育与培训"和"基于工作的技术和职业教育与培训"三种类型。

（2）英国——《简明不列颠百科全书》

在英国《简明不列颠百科全书》中，"职业教育"的定义为："旨在传授工商业职业知识的教育。它可通过正规的中等专业学校、中等技术学校或在职培训计划来获得，也可没有实际指导而在工作岗位上不正规地学会某些必需的技能。"

（3）德国——《职业教育法》

2005 年，德国颁布了修订后的《职业教育法》，对德国的"职业教育"界定为四类，即职业准备教育、职业教育、职业进修教育，以及职业改行教育。其中，职业准备教育的目标是通过传授获取职业行动能力的基础内容，从而进入国家认可的教育职业的职业教育。职业教育旨在针对不断变化的劳动环境，通过规范的教育过程传授符合要求的、进行职业活动必需的职业技能、知识和能力（职业行动能力）。它还应使获得必要的职业经验成为可能。职业进修教育应提供保持、适应或扩展职业行动能力及职业升迁的可能性。职业改行教育应传授从事另一职业的能力。

（4）美国——《社会科学百科全书》

在美国的《社会科学百科全书》中，"职业教育"被定义为："职业教育这一术语可以宽泛地用以指任何以直接为个体获得有报酬的职业而进行有效准备的教育形式。但是，在实践中，它并不包括在产业中进行的培训，也不包括作为普通教育的一部分的实践技能的训练，同样也不包括在学院或大学中为所谓的专业性职业进行准备的教育。"

而在《社会行为科学百科全书》中，"职业教育"是指："在中等教育水平上提供的实践性技能培训，主要是针对有薪水的职业，学习内容就是完成好工作或职业所需要的知识和技能。"

在《卡尔·D.帕金斯职业和技术教育法》中，"职业和技术教育"被定义为："提供一系列课程的教育项目，这些课程与个体在当前或未来的职业领域中获得有报酬或无报酬的就业密切相关。这些教育项目主要是以能力为本位的应用性学习，其目的在于传递给个体学术性知识、形成个体的高层次思维能力、解决问题的技能，以及与职业相关的专门技能，从而使个体能够成为经济上独立自主、具备生产能力、对社会有贡献的成员。"

（5）澳大利亚——《职业教育和培训术语辞典》

在澳大利亚，职业教育和培训是指义务教育之后除普通高等教育之外的教育和培训，是澳大利亚继续教育中的一部分。旨在提供给受教育者职业的或与工作相关的知识和技能。当然，也包括为后续职业教育提供基础的先前职业教育。国家职业教育与培训系统的任务就是确保澳大利亚劳动力的技术足够支持本国商业和工业的国际竞争力，并且能够提供给受教育者充分挖掘其潜能的机会。

（二）我国对职业教育概念的界定

黄炎培老先生认为，从广义上来说，所有的教育类型都包含有职业教育的成分；而从狭义上来讲，职业教育属于专业性很强的教育，重在传授实用知识和技能。

《中国大百科全书》对"职业教育"的定义是："给予学生从事某种职业或生产劳动所需要的知识和技能的教育。"

《教育大辞典》对"职业技术教育"的定义是："中国对职前、职后的各级各类职业和技术教育，以及普通教育中的职业教育的总称。包括进行科学、技术学科理论和相关技能学习的技术教育，以及着重技能训练和相关理论学习的职业教育。"

《中华人民共和国职业教育法》规定，职业教育包括职业学校教育和职业培训。其中，职业学校教育分为初等、中等和高等职业学校教育；职业培训包括从业前培训、专业培训、学徒培训、在岗培训、转岗培训及其他职业性培训，可以根据实际情况分为初级、中级、高级职业培训。

其他研究机构、研究人员以及著作中关于"职业教育"的概念界定颇多，诸如：纪芝信主编的《职业技术教育学》一书中认为，"职业技术教育"是指在一定普通教育基础上，为适应某种职业需要而进行的专门知识、技能和职业道德教育，使受教育者成为社会职业所需要的应用人才。原国家教委职业技术教育中心研究所编著的《职业技术教育原理》一书中对"职业教育"的定义是，专门以职业为目的的教育，是使受教育者达到职业资格的获得、保持或转变职业生涯质量的获得与改进的教育。门振华编著的《职业技术教育概论》则认为，职业技术教育是对就业者所进行的一种不同水平的专门知识和专门技能的教育。即在普通教育的基础上，对国民经济各部门和社会发展所需的劳动力进行有计划、有目的的培训和教育，使他们获得一定的某种专门劳动知识和劳动技能，从而达到就业的目的或就业后易于提高的一种教育。李向东和卢双盈主编的《职业教育学新编》给出的概念界定是，职业教育是为适应经济社会发展的需要和个人就业的要求，对受过一定教育的人进行职业素养特别是职业能力的培养和训练，为其提供从事某种职业所必需的实践经验的一种教育。

二、职业教育的特性

职业教育是职业与教育相结合的产物。这就决定了职业教育本身具有职业和教育所共有的社会性等基本特征。然而，职业教育并不是职业和教育的简单相加，而是二者的有机融合，是历史性与超越性的统一体。因此，这就决定了职业教育还必须具有社会性、职业性、适应性、实践性、大众性、中介性和终身性等特性。

（一）社会性

黄炎培先生认为，职业学校"从其本质来说，就是社会性；从其作用来说，就是社会化"。职业教育是现代教育的重要组成部分，与现代生产及人民生活需要密切相关。相对于普通教育来说，职业教育与经济发展的关系更密切、更直接，更具有广泛的社会性。职业教育的实施过程，有着深深的社会烙印，如国家倡导职业教育要"校企合作、工学结合"，要广泛吸引社会力量参与。职业教育的培养目标是从职业人到社会人。

（二）职业性

"职业"是职业教育的逻辑起点。职业性集中体现为就业导向性。职业教育以学生能够就业，并能使学生在未来的职业实践中得到良好发展为主要目标，教学内容以就业岗位需要为导向，教学环境强调与真实的环境相同或相似。所以，有人认为，职业教育就是就业教育。职业学校的教学计划、教学过程、教学方法、教学组织、实习等都与社会职业需要及学生将来的职业活动有关。黄炎培先生曾说，职业教育的根本目的就是"使无业者有业，使有业者乐业"。

（三）适应性

职业教育的适应性指的是随着社会经济的发展特别是生产技术水平的提高

而改变自身特性或发展方式的能力。这种适应性主要表现在三个方面。一是制度的适应。国家发展职业教育，建立健全适应社会主义市场经济和社会进步所需要的职业教育制度，包括办学方向、层次、内容、管理等都始终要处于主动适应的位置，适应社会经济发展的需要。二是对象的适应。受教育者不应只是具有狭隘的职业性质或局限于一种技能的掌握，因为瞬息万变是时代的特征。所以，职业教育必须使青年具有较强的适应性。三是办学模式的适应。为适应市场需要，职业教育要由传统意义上的以学校教育为主的封闭的办学模式转向企事业单位、社会团体、公民个人及学校等多元化的混合模式。

（四）实践性

职业教育与社会经济发展的关系最为紧密，因此，职业教育必须根据企业技术创新、劳动组织方式变革、生产经营活动的特点，使教育过程与生产实践相结合，面向企业、面向生。职业学校的教学必须做到理论与实际紧密联系，教师应联系学生实际，联系专业实际进行教学活动的组织。职业学校学生的学习要理论联系实际，强调在实践中培养学生以知识为中介分析问题和解决问题的能力。通过实践，将知识转化为能力。

（五）大众性

职业教育是面向每一个人的教育，工、农、商、学、兵等都有接受职业教育的权利，职业教育以服务民众为宗旨。将中国从人口大国建设为人力资源强国，职业教育任重道远，这是职业教育大众性的有力体现。大众性要求职业教育始终代表人民群众的切身利益，实行"无差别"的对象性教育。

但职业教育的大众性不能无视受教育者个体的差异性。在教育对象上贯彻落实"有教无类"，同时坚持"因材施教"，施行人本主义教育。现代职业教育的内核是强调学生的中心地位，教师的作用是指挥、引导、协调。职业教育本身就是一个内容丰富、涉及广泛的综合学科，并且每一个学生因其资质、学识、生活阅历的不同，在学习兴趣与能力上就自然产生了千差万别的表现。因此，因势利导，使学生学有所长，不以同样的标准要求每个学生，使其能够在有专长或有兴趣的方面尽情地发挥，成为有用之人，就成为现代职业教育的重点。

（六）中介性

职业教育的中介性是指职业教育在人的发展和社会发展之间、教育和职业之间的特殊位置。职业教育是教育与职业之间沟通的渠道，是把人力优势转化为智力优势，把智力优势转化为先进生产力的重要桥梁。黄炎培先生曾经说过，"教育不与职业沟通，何怪百业之不进步""要发展社会，革新教育，舍沟通教育与职业无所为计"。职业教育促进人的个性发展和社会进步，不是"普遍性"或者是"特殊对象性"，而是直接对应于社会需要和个人生存的，是促进科学精神与人文精神的结合，促进社会发展需要的个体素质的提高，是使人的个性更适应社会直接需要的发展、提高和更新的中介加工，是其间最基本的桥梁。虽然基础教育和高等教育也担负着将"自然人"培养成为"社会人"的中介职责，但社会人的一个重要标识就是职业化，这表明了职业教育与基础教育、普通高等教育相异的一个方面。

（七）终身性

终身学习是面向未来的桥梁。社会经济的发展，科学技术的进步，使得知识更新的频率大大加快，职业人需要不断地学习，才能适应日新月异的现代社会。

具体来讲，亦即世界经济正在朝着以信息为基础的方向转变，在这种经济中一个企业或国家的效益是由它所提供的产品和服务的质量所决定的。以新技术为基础的生产体系具有更高的生产效率和灵活性，要求所有职工不断更新、提高他们的技能，并且更富有创业、进取精神。现有证据清楚地表明生产力最强的国家都有一个共同的特点，他们的劳动力训练有素而且机动灵活，拥有丰富的技能，不同技能搭配得很好，而且职工的技能终身不断提高。因此，我国的现代职业教育应顺应发展的潮流，为受教育者提供终身学习的机会，让他们的技能不断提高，始终在经济潮流中不被淘汰。

三、职业教育的目的

（一）教育的目的

教育目的是教育主体对于其所希望达成结果的预设，具体而言就是教育活动所要培养人才的质量标准和规格要求，是"社会对教育所要造就的社会个体的质量规格的总设想或规定"，是"国家对教育应培养怎样的人的总要求"。

职业教育类型的存在是由经济发展及社会进步的需求决定的，而经济发展、社会进步对教育的需求又具体体现在职业教育的目的上。职业教育的目的是职业教育实践活动的出发点，也是检验职业教育实践活动的理论标准。

（二）职业教育目的的演进

职业教育目的是人类社会对教育所要造就的社会个体质量规格的总的设想或者规定。职业教育目的就是通过职业教育将受教育者培养成什么样质量和规格的人，或培养成具有何种功能的社会成员的素质及其结构。随着经济与社会的发展，职业教育的目的也是不断进化的。无论在中国还是在外国，职业教育目的的发展历程大致相似，总的情形可以概括为：生计目的论—实业振兴目的论—人的全面发展目的论。

1. 生计目的论

职业教育的最初形态为学徒制，学徒制带有明显的为了生存和生计的目的。随着产业革命的出现，学校形态的职业教育应运而生，其目的也是满足生计的需要。

2. 实业振兴目的论

随着近代工业的发展，技术在工商业的发展中逐渐成为一个重要因素。相应地，职业技术教育就成为振兴实业的法宝，职业教育的目的由主要解决生计问题演化为以振兴实业为主要目的。

3. 人的全面发展目的论

一些有远见的教育家提出了职业教育领域内人的全面发展目的论。人的全面发展是一个贯穿于人一生的过程，是在人的长期教育、自我教育和职业生涯过程中不断展开和逐步得以实现的。职业教育目的历史演化过程体现为一个否定之否定的辩证过程，每一次否定既是对前一种目的论积极性的保留，又是对其片面性的克服，同时还增加了新的内容。

（三）现代职业教育的目的

现代职业教育目的是现代人类社会对教育所要造就的社会个体的质量规格的总的设想或者规定。现代职业教育的目的区分为理想与目标，前者即通常所说的"应然"目的，经常体现在国家的法规当中，代表国家的意志，具有法律效力，它是一种价值判断；后者即通常所说的"实然"目的，是现代职业教育所有主体承担者所实际接受或认可的目标。"实然"与"应然"的现代职业教育目的理应保持一致，也只有保持一致才意味着一个国家的现代职业教育方针得到了贯彻落实。现代职业教育理想是在未来相当长的时期内才可能实现的长远目的，而现代职业教育目标则是在短期内可以实现的近期目的。

现代职业教育目的分为三个层级，其终极目的是关注人的生成，即综合职业能力的获得，培育真、善、美的人格，也是现代职业教育的理想，是需要在相当长的时期内才可能实现的长远目的；基础目的是关注人的生存能力，即培养受教育者具有专业定向性的基本职业能力，是现代职业教育的目标，是短期内可以实现的近期目的；介于长远目的（终极目的）与近期目的（基础目的）之间的是现代职业教育关注人的生长的高级目的，即职业综合能力的获得。

1. 关注人的生存

人的生存与发展是通过从事相关职业而实现的，人的生存质量由职业及其职业能力决定。对生存的关注是现代职业教育的基础目的，关注人的生存的"实然"便是培养受教育者的基本职业能力。

现代职业教育的办学实践充分证明，将职业教育的基础目的理性地转化为可操作性强的各级教育目标，能够使受教育者具备扎实的基本职业能力，以应对社会中职业的需求。这也充分体现了职业教育的基础目的在具体教学过程中所发挥的指向作用。

2. 关注人的生长

全球经济一体化和高新技术的迅猛发展，对于职业教育提出了多元化、高标准的需求，现代社会中的人的"全面发展"和"可持续发展"观念也对现代职业教育目的提出了"能力发展"观。关注人的生长与发展，便是职业教育的高级目的，具体为重视职业能力特别是职业综合能力的培养。所谓职业综合能力就是专业能力、方法能力和社会能力的融合通达，并在此基础上衍生出可持续发展的能力。

3. 关注人的生成

职业教育终极目的关注人的生成，即人的生长延展能力的培养，重视综合职业能力包括职业胜任力、学习能力和可持续发展能力，以及与之相应的职业精神和职业道德的培养。

（1）关注职业胜任力的培养

职业胜任力是指具体职业能力范畴以外的职业知识和技能，是应对职业环境变更时表现出的获取知识与技能的能力，包括思维理解能力、团队协作能力、职业责任意识、创新能力等。

（2）关注学习能力的培养

学习能力是现代化信息社会受教育者为了应对变革而进行终身学习所必备的知识、技能和心理，以及"获得他们终身所需要的全部知识、价值、技能与理解""开发和运用人在一生中所需要的知识、技术，包括学习态度"等。

为了适应现代生活环境的不断变化，现代职业教育必将保持知识、技术和态度的系统掌握、更新和增进，以最终实现每个人自我完善的目的。

（3）关注可持续发展能力的培养

从哲学本体论意义而言，个体的可持续发展和人类社会的可持续发展存在着深层逻辑关联。现代职业教育塑造具有可持续发展能力的个体，便是建构可持续发展的人类社会。所以，现代职业教育目的中对于人的可持续发展能力的培养，终归指向人类社会的可持续发展。关注可持续发展能力的现代职业教育应该确立培养可持续发展思维成为受教育者在日常生活中的主流意识形态之一，培养其参与可持续发展的实践能力。对于个体而言，可持续发展能力是个体实现可持续生活的手段和提高生存质量的途径。

现代职业教育作为独立的教育类型与教育体系，与其他教育类型所追求的最终目的是相通的，这也充分体现了教育目的超出现实需求的应然性和理想性，所追求的正是人的生成状态。总之，现代职业教育目的由职业和职业教育所规定，立足受教育者基本生存能力的培养，关注个体职业综合能力的生长与生成。现代职业教育的终极目的与所有类型教育的目的指向一致，可见现代职业教育对于人类文明进步的普遍推动作用。

四、职业教育的功能

教育的功能也就是教育的作用。教育作为人类社会特有的现象，它具有传递人类文化的功能，以此保证人类社会得以延续。教育促进个体身心健康发展，促进个体的社会化，使人类由自然人向社会人发展转变，以此推动社会经济各方面的持续发展。职业教育作为人类教育系统中的一个重要范畴，也具有教育的这些基本功能。具体来讲，可以将职业教育的功能分为社会发展功能和个体发展功能两个方面。

（一）社会发展功能

社会发展包括诸多层面的发展，譬如创新发展、协调发展、绿色发展、开放发展、共享发展等。所以，职业教育的社会发展功能也就涵盖了对政治发展的作用、对经济发展的作用、对科技文化发展的作用等多个层面。

1. 政治功能

我国十分重视职业教育的发展，同样是在贯彻落实党的教育方针和政策。党中央、国务院根据国际形势和我国经济社会发展现状，清醒地认识到职业教育的重要性，从而做出了大力发展职业教育的决定。因此，职业教育从政治角度看，它起到了贯彻落实党的教育方针政策的作用。

2. 经济功能

职业教育的发展与经济的发展紧密相关。纵观世界，经济发达国家的职业教育同样也发展得很好，如美国、德国、日本、新加坡等。我国当前的经济发展形势——走新型工业化道路、大力发展现代服务业等，都需要大批的技能型人才，而这些人才都需要职业教育来培养；调整产业结构，建设社会主义新农

11

村也离不开职业教育。因此，职业教育发展得好，将促进经济发展；反之，则制约经济发展。

3. 科技文化功能

科学技术是第一生产力，职业教育的发展可推动科技发展，从而进一步推动经济和社会发展。教育与文化密不可分，职业教育的发展将促进优秀的有特色的职业教育文化的产生；行业、企业文化与职业教育相结合，可以更好地培养行业与企业需要的综合素质人才。

（二）个体发展功能

个体发展包括个体个性化和个体社会化两个方面。个体个性化，一般是指个体在社会适应和社会参与过程中所体现的稳定性特征。个性化的发展，意味着个体的自主能力、独立能力、创造能力与自控能力的提高。个体社会化，是指个体出生后通过习得社会规范、行为习惯、价值观念，去适应社会和参与社会的过程。个性化和社会化是个人自身发展的两个方面。人的发展是多层次、多质的，二者的协调发展是人得以健康良好发展的重要标志，应该是包含在社会规范中的个性发展。二者是和谐统一的关系。

教育就是在一定的社会背景下进行的促使个体个性化和个体社会化的实践活动。职业教育对个体这两个方面发展的作用主要是对个体身心全面健康发展的促进作用，以及对个体的职业预备作用。

1. 职业教育对人的身心健康的促进

人的身心健康的全面发展包括人的生理和心理两个方面的发展，尤其是心理方面的性格、气质、兴趣、爱好、能力、智力等方面在教育的作用力下更具有可塑性。职业教育的内容包括知识、技能与职业道德等诸多方面，接受过职业教育的学生，提高了文化素养，学到了职业技能，培养了职业精神，形成和塑造了职业人的素质，有利于学生身心的健康发展。

2. 职业教育对个体的职业预备功能

每个人都是社会性的人，社会人以职业为载体，作为职业人立足于社会。社会分工的不断细化，使得每个人的职业愈加具体。个体习得一技之长以获得所需职业而得以安身立命。满足个体的这种需要，就是职业教育对个体的职业预备功能。

我国从 1999 年起，开始在全国城镇普遍推行劳动预备制度，组织新生劳动力和其他求职者在就业前接受 1～3 年的职业培训和职业教育，使其取得相应的职业资格或掌握一定的职业技能后，在国家政策的指导和帮助下，通过劳动力市场实现再就业，并同时实施严格的就业准入控制。

在职业教育发展最先进的德国，青年就业教育和岗前培训已经成为一种社会义务。德国大约有 60% 的青少年在中学毕业之后接受"双元制"职业教育，每周有一到两天在职业学校接受专业理论学习，三到四天在企业中实习和实践，培训时间一般为两年到三年半。

为适应知识经济和信息时代不断变化的职业要求，职业预备功能不能只是停留在初次就业之上，它还应该包括再就业、转岗培训、创业培训等，以此形成与终身教育的有机融合，为个体的职业素质的提高、职业能力的增强提供有力的保障和坚强的后盾。

五、职业教育的分类

职业教育，是与普通教育相对应的一种教育类型。"对应"而不是"对立"，它所表明的是，职业教育与普通教育有共同点，同时也有差异性。关于职业教育与普通教育的差异性，可以从其不同的教育目的等角度进行分析。

由职业教育与普通教育的区别可以看出，二者在培养目标、培养方式，以及培养对象等方面存在着比较显著的差异。因此，对于职业教育的分类，就可以从其培养的类型、层次和实施范畴等来进行划分。

（一）按培养类型划分

职业教育按照培养类型来进行分类，可以依据我国国民经济行业分类标准，分为农业、工业、服务业三大产业，细分为 16 个行业门类。其中第一产业包括行业当中的第一个门类，即农、林、牧、渔行业；第二产业包括采掘业、制造业、建筑业等行业；第三产业是除第一产业和第二产业以外的所有行业的总称，包括教育、文化、卫生、医疗、餐饮等众多行业。职业教育根据不同行业的要求和规格，培养为各行各业服务的人才，才能推进现代化建设的全面进步。

（二）按培养层次划分

根据《中华人民共和国教育法》（1995 年）第二章基本教育制度第十七条的规定，我国实行学前教育、初等教育、中等教育、高等教育的学校教育制度。我国现代教育，按层次分类，包括四个层次，依次是学前教育、初等教育、中等教育和高等教育。在中等教育阶段，分为普通中学教育和中等职业教育。在高等教育阶段，又分为三个层次：专科层次包括高等专科教育、高等职业教育和成人高等教育；本科层次包括普通本科教育、本科职业教育和成人本科教育，本科职业教育尚处于发展建设当中；研究生层次包括硕士研究生教育和博士研究生教育，其中专业学位的硕士和博士研究生教育归为职业教育类别。因此，我国职业教育的培养层次就包括具有中等教育学历的职业技术人才和具有高等教育学历的职业技术人才。

（三）按实施范畴划分

教育与职业的融合，使得职业教育同时具有职业和教育的双重特征。而职业教育并不是与普通教育相对立的，二者统一于人的教育。在中等教育和高等教育阶段，职业教育和普通教育虽有分流，但两种教育形式是相辅相成的，职业教育中有普通教育的成分，普通教育中含有职业教育的目的。因此，按照实施范畴来划分，职业教育可以分为职业学校与培训机构开展的教育和普通教育中所含的职业成分。普通教育中的职业成分主要通过开展专业类课程和职业规划课程等来体现。

第二节 高职教育理念的思辨

一、生存教育的诠释

著名理学大师陆九渊说过，学问是研究如何做人的问题。"人生天地间，为人自不尽道，学者所以为誉，学为人而已。"在当今这个竞争激烈的生活场景中，生存是教育首先要贯穿始终的主线，也是教育事业轨道转换的基点。在商业社会中，人们生活更多的是凭借自己的能力获得生存的权力与生存空间，在支配和操纵社会生活的四大基本力量中，血统本位、权力本位、金钱本位越来越让位于能力本位，不断地完成着由知识到素质能力的转换。在校学生受教育程度与质量的好坏，是和他们未来生存空间的大小及生存质量的优劣密不可分的。在商业社会中学会高能力水平生存，是他们生存的第一要务。可以在实践教学中把这种力的内涵细化切分为体力、思想力、道德力、精神力、心力、思维力、文化几大块儿，它们分别贯彻在日常教学的点滴中。生存教育的主旨就是一种能力的培养和提高，让学生们每时每刻都要铭记，要想在未来社会取得生存领地，就必须从传统教育理念中那种对人的依赖、物的依赖中摆脱出来，走向能力依赖的轨道上来。要认清人要依靠其努力和能力生存、靠其后天的奋斗生活还要靠其行为的制度化追求社会工作的成熟，能力教育是生存教育的一个主旨，也是人本教育的要素之一。摆脱以前计划经济中形成的附庸依附式的旧教育传统，即人依靠组织单位而生存、靠人情和关系生活和靠指挥律令工作。能力教育不再追求教育理念精神的软着陆，而是以自己的能力去奋力开拓作为文明客观标志的物质精神世界。能力教育的提倡在生存教育中占有重要位置。

从知识经济与能力社会层面看，市场经济既是一种资源配置式，也是一种社会运作方式，这是种社会关系，以及由此而产生的文化价值观念，核心理念是能力本位。市场经济作为一种围绕市场而运作的运作方式，它实际上是给具有经济主体性的人们提供一种相对平等的舞台和机会，使人们在这一舞台上充分发挥自己的创造个性和能力来参与竞争。能力强者拿金牌，能力弱者被淘汰。平等竞争，优胜劣汰的残酷性不相信弱者的眼泪，倒是给强者以优厚的回报，这种残酷性使竞争者必须充分发挥其创造能力，否则便无立足之地。在这个意义上，市场经济是一种能力竞争经济，市场竞争是一种能力竞争。而目前的教育理念却滞后于这种能力竞争，高分低能的现象还表现得较为突出，思考不足；表象有余，深度不够；储存有余，梳理不够；兴趣有余，发展不够；感情有余，理性不够。这种畸形的教育，关键是还停留在知识传承积累而未向能力趋向转化的层面上。能力教育的问题，就是为生存教育打入了一针令人亢奋的强心剂，使其汇入人生的血脉中去。

从能力内涵层面看，能力教育就是完成知识积累中的升华和深化，把它作为素质教育的一个关键点，因为能力是人的综合素质在行为上外化的表现。人的素质是能力的内在基础，是人内在本质力量的显现；而人的能力则是人的内在素质的外在表现和确认，是人的内在本质的外在体现。没有素质，就谈不上什么能力；提高素质，就是为了培养能力，因此也可以说能力教育是素质教育最高实现的目标。

从能力发挥的内容看，能力主要指人的一般能力，即人的体力智力、道德力、审美力和实践操作能力。从能力发挥的水平看，能力是指人驾驭活动本领的大小和熟练程度；从能力发挥的效果看，能力又指人的实际工作表现及其所达到的实际成效；从能力发挥的载体看，能力是指人在某种实际行动或现实活动中表现出来的可以实际观察和确认的实际能量，它表明人驾驭某种现实活动的熟练程度，是人在活动中显示出来的能量和作用。正如当代学者韩庆祥所讲："能力与活动、行动的关系，是同人的现实活动或实际行动直接相关的，因而它是一种'行动'范畴，回答人在现实活动中能做什么，能力如何，决定着人的活动范围和对活动领域的选择。离开人的现实实际行动，人的能力就难以表现、实际观察和确认。"从这一角度看，能力教育是生存实践教育的一个"瓶颈"，它也是当前创新教育、创业教育的根基。

生存教育的另一个主旨就是危机意识（有的教育专家称之为"危机教育"）。教育的动力就是受生存教育中危机感的挤压追逼，它使教育与生存紧密地联系在一起。市场不相信眼泪，社会不同情弱者，但竞争却淘汰弱者，要想靠自己的双手打出一片天地，就必须时时刻刻绷紧危机意识这根弦。"顺我者生，逆我者亡。"市场经济的公平竞争要求在生存教育中时刻树立危机意识，因为 21 世纪完备的市场经济使传统中主导交往形式的天然依附关系和等级关系被迫中断了，人走出了小圈子，进入社会的大流通中，每个人都必须凭借自己的才能进入不同的社会分工位置中社会的进步，形成了分工细密与联系加强两个相反相成的发展路向，每个人都处于竞争的风暴眼上，每个人的存在都必须以他人的存在为生存条件。危机意识的灌输，会使教育走出狭隘的封闭意识，以开放性的姿态，呈现更大的张力维度，也定会使学生们的学习压力与动力大大增强，积极寻找生存的自我定位点，探寻学习与实践的最佳结合点，以意识与行为的自觉，把生存当作学习的出发点，把危机当作生存教育的重要内涵。

生存教育凸显着教育内涵的拓殖，使教育走向生存的平台，并与人生的链条形成完美的对接。它丰富着教育的组成理念，使它的论题、问题、层面、方式、话语、维度、领域都呈现前所未有的发散和多元特征。生存教育，关键就在于使受教育者强化生存的本领，强化学习由被动转向主动的意识，把学习深化在自己的生活场域中去。生存教育，也在情感上使自己呈现一种人本主义的关怀，一种当下生活自主性的教育情感关怀。

二、创新教育的澄明

人有内在本质和外在本质之分。人的内在本质是人之所以能成其为人的内在根据和动力，而人的外在本质则是指人的内在本质在历史发展过程中的不同实现形态。人的内在本质是一元的，而人的外在本质则是多元的，即有多种规定。人要生存下去，获得发展和自由，就必须依靠其创造能力来创造一个属于他的生存和发展的环境世界和条件。人的未确定性、未完成性和对外部世界的开放性，决定人必须靠其创造能力来生存、发展和获得自由，这是当前提倡创新教育的哲学心理基础。

工作是美好的，创新是快乐的。创新，这是时代对人才的要求；创新教育，也是应时而生的教育新理念。随着现代社会科学技术化的推进，科学文化的影响将渗透到人们生产生活的各个领域。人是生产力诸要素中决定性的根本因素，而科学则正是通过改变人们的思想观念，树立科学的革命的世界观，以科技知识与技能充实武装人的头脑，不断开拓劳动工具、劳动资料和劳动组织管理的新层面，发挥其物质功能和精神功能，并在当代新科技革命的推动下，成为第一生产力。因此，科学技术不仅是强大的生产力源泉，而且是创新教育思想萌生的强大精神武器。科学文化作为社会文化中一个相对独立的组成部分，层层递进地作用于社会文化的器物层次、制度层次、行为规范和价值层次。创新教育在这种科学文化云蒸霞蔚的时代背景下，要求受教育者在创新中获得事业的生长点，在创新中与科技时代同步，这是创新教育产生的时代基础。

创新教育，核心就是鼓励学生调动自己的智慧储存，大胆地提出个性化的见解，在创新中培育自己的事业支撑点，在创新中提升自己的生存能力水平，在社会更加激烈的竞争中保持着永不退缩的昂然心态，在风险中磨砺自己弹性的心态。做一个自由的人，让学生在走向社会实践中，学会独立经营，自主决策，学会承受，因为生活本身就是一种承受。每个人的存在，不可避免地需要他人的支撑，同时自己也支撑着他人，并参与支撑这个社会。创新，需要头脑灵活，善于创新乐于承担风险的人进入富有充满活力的市场，而这也恰恰是创新教育的特点所在。只有这样，才能真正达到古人对创新所描绘的那种灿烂图景，"待人应守儒家之忠诚；治事应持法家之严明；创业酌用兵家之权变；养心可奉释家之超脱；行文当如纵横家之灵活；读书当如墨家之兼爱。"

创新教育，在具体的教学思维中，要尊重倡导学生的发散思维、奇异思维，保护学生对问题不同视角，不同层面的探求热情。重感性，使学生教育发展新视野，在学习上主动进击，大胆质疑，培养个性，开拓创新。"授人以鱼不如授人以渔。"创新教育就是要教给学生打鱼的办法，让他们在事业创新中，诠释人生的价值，圆满人生的意义。创新教育，是给学生们一只走向人生成功之境的小船，让他们处处感受到创新的快乐。

三、创业教育的观照

长期以来，教育范式是一种务虚式的教育，造成教育理论的滞后与时代需求的严重脱节。新时期，创业教育的倡导，使教育走向真正良性循环的道路，也把教育引上了正确的轨道。

在生存教育赏识教育、创新教育的引导下，为学生走上社会，开创事业空间提供了现实的可能性与指导性，尤其是在职业化教育中，创业教育更是重中之重，它要求学生利用所掌握的智能、技能，能够独当一面，担纲立业，构建属于自己的事业空间。这种创业教育，要求教育者以海纳百川的博大胸怀，与时俱进，调整办学思路，务实勤勉工作，真正培养学生未来创业所急需的各种素质。具体来说，主要有以下几点。

知识结构的完整性。创业需要高素质的人才去完成，这就要求我们必须走出那种高分低能，知识储备残缺不全的"怪圈儿"，让伦理智慧、生存智慧、创业智慧、情感智慧，这"四慧"并存发展，把教学从应试教育的樊笼中真正挣脱出来，把素质教育中的技能教育与情商教育结合起来。

创业教育理念的灌输必须使学生学有所专、学有所用，提高学生敬业、乐业、创业的学习动力，主动地把学习纳入创业者的链条上去。学习是创业的基础，创业是学习的升华，是学校理论学习的过渡，未来事业的支撑必然靠今日学习理论根基的发展奠定，如当今大专院校出现各种创业实践，"学生职业经理""学生营销策划协会"等都是把理论学习与生活实践紧密地结合起来的积极举措，牢固地把创业意识植根在他们日常生活学习的点滴之中。

创业教育扩大了教育的范围，打破了传统教育的封闭性，使教育突显浓厚的职业关怀。专业的设置，学生心理承受力的培育，使学生的心理特征、心理倾向、心理过程都以未来就业创业为参照系，克服了过去那种"躲进小楼成一统"的自大虚狂，教育不再端起架子，乏味地说教，为"百无一用是书生"作注脚，而是"天生我材必有用，人生处处是考场"，学习直接与自己未来创业的空间挂起钩儿来。教育直接决定着每个受教育者未来事业的走向。

创业教育是素质教育实践的阐释。素质不是空泛的评判，所有的素质因子都在创业教育中得到验证，素质教育是创业教育的理论基础。在我们所有的教育理念中，创业教育是一种最具实践性、明晰性的教育理念，它是生活教育、赏识教育、创新教育的最终落脚点。生存须在创业的兴衰中体现，创新也必须在创业中得到升华和融聚。

四、终身教育的思辨

终身教育，这是西方教育提出的一个重要理念。近年来，在中国也为更多有识之士所接纳。终身教育的提出是与人类社会正在走向大综合的时代背景有关。经济的互补、文化的融合，将人类的共同利益日益连在一起。人类需要从以往各种理论各种文化的狭隘领域中走出来，从历史的纵向到现时代的各种文化、各种领域共存的横向，综合人类的全部智慧，科学的、人文的；俗的、雅的；古代的、现代的；东方的、西方的；民间的、宗教的，去创造一种崭新的文化教育理念，终身教育才能保证一个人真正意义上的时代性，也才能使教育与时代同步，永葆它的鲜活性。只有教育成为时代关怀，成为个人立身处世的根基，尤其是在这个日新月异、知识更新极快的信息时代，一个人单靠学校几年受教育的知识储备量，无疑会坐吃山空，只有紧紧抓住终身教育，"活到老、学到老"，才能跟上时代的步伐，也才能使自己在激烈的社会竞争中不会被淘汰，不会被挤压到一个阴暗的角落，也才能真正走出教育概念内涵的褊狭与外延的逼仄，把教育与时代人生熔铸在一起，使人在终身教育中，趋于全面价值体系和思维方式的时代性整合中，从教育的终身性上获得更多的慧解和启迪。市场经济固然要求人们灵活应变，但其内在的规律要求人们用长远的眼光去审视未来。任何短期的、投机的想法，都是对市场一词的误解。

第三节 高等职业教育发展的新坐标

一、现代职教体系建设是职教新发展的必然要求

（一）改革开放以来职业教育体系的建设历程

自 20 世纪下半叶以来，在经济全球化、信息技术革命等因素的推动下，不同国家或地区的产业结构和就业结构调整步伐加快，结构急剧变化所推动的高速经济增长，也推动了劳动力市场的动态变化，对劳动者的技能和素质提出了新要求。发达国家和地区无一例外地把发展职业教育作为满足劳动力市场需求变化和提升国际竞争力的重要手段。因此完备、有效的职业教育体系建设成为国际教育改革发展的重要内容。

我国自 20 世纪 70 年代末重新认识到职业教育在推动高质量就业与经济进步方面的重要作用，逐步建立起适应经济社会发展的职业教育体系。1985 年，《关于教育体制改革的决定》明确提出，逐步建立起一个从初级到高级、行业配套、结构合理又能与普通教育相互沟通的职业技术教育体系，造就数以亿计的有文化、懂技术、业务熟练的劳动者。1991 年，国务院作出《关于大力发展职业技术教育的决定》，要求各级政府"高度重视职业技术教育的战略地位和作用，积极贯彻大力发展职业技术教育的方针"，提出了"初步建立起有中国特色的，从初级到高级、行业配套、结构合理、形式多样，又能与其他教育相互沟通、协调发展的职业技术教育体系的基本框架"的建设目标。1996 年，《中华人民共和国职业教育法》颁布，对职业教育在国民经济和社会发展，以及国民教育体系中的地位与作用、职业教育的体系结构、办学职责、管理体制等都做出了规定，确立了职业教育的法律地位。这部法律在职业教育体系的表述上有两点更新，一是从法律上把"职业技术教育"简化为"职业教育"，从而使"职业技术教育体系"的表述变更为"职业教育体系"；二是不再强调初等职业教育，而把职业教育主要看作初中后的职业教育与培训，据此形成了关于职业教育体系的最新表述，"国家根据不同地区的经济发展水平和教育普及程度，实施以初中后为重点的不同阶段的教育分流，建立、健全职业学校教育与职业培训并举，

并与其他教育相互沟通、协调发展的职业教育体系"。1999 年，中共中央、国务院作出《关于深化教育改革全面推进素质教育的决定》，提出"积极发展包括普通教育和职业教育在内的高中阶段教育""大力发展高等职业教育"。2002 年，国务院做出《关于推进职业教育改革与发展的决定》，把职业教育看作是中国教育体系的重要组成部分，是推动国民经济和社会发展的重要基础。特别是把职业教育与实施科教兴国战略、促进经济社会可持续发展、促进就业和再就业、解决"三农"问题等方面联系起来，要求高度重视并加快职业教育的改革与发展。2005 年，国务院作出了《关于大力发展职业教育的决定》，首次提出了"现代职业教育体系"的概念：进一步建立和完善适应社会主义市场经济体制要求，满足人民群众终身学习需要，与市场需求和劳动就业紧密结合、校企合作、工学结合、产学研结合，结构合理、形式多样、灵活开放、自主发展的现代职业教育体系。经过三十余年持续不懈的努力，我国职业教育体系建设取得了令人瞩目的成绩。

（二）经济社会发展新阶段对职教体系建设提出了新要求

在中国经济的发展史上，2010 年是一个重要的节点，该年日本的名义 GDP为 54 742 亿美元，比中国少 4 044 亿美元，三十年的经济高速增长使中国一跃成为仅次于美国的全球第二大经济体，职业教育体系对此做出了重要贡献。但人们也清醒地认识到，许多产业仍处于"大而不强"的尴尬境地。究其原因固然很多，但技能型人才供给不足、劳动力队伍技能水平较低应该是有较大关系。因此如何增加技能型人才培养的水平与效益成为现代职业教育体系建设的重要内容。特别是解决我国职业教育体系存在的明显不足，成为主要的课题。

独立的与普通教育并行的职业教育体系初步建立，但条块分割造成衔接仍不顺畅。学历形态高等职业教育应包含专科、本科、硕士研究生和博士研究生四大层次。但是在管理体制上本科以上层次教育与专科层次教育管理目标、管理方式存在明显差异，从专科层次职业教育向本科以上层次职业教育的通道仍不够通畅。许多通过"3＋2 专升本"或"专转本"项目进入本科高校的职业院校毕业生被广泛认为基础知识不牢、发展潜力不足。这种认识在很大程度上与本科教育单一的评价方式有关，这说明职业教育与本科层次以上高等教育尽管有了衔接通道，但仍存在许多机制障碍。

职业教育服务经济社会的能力有待加强。近年来，我国经济换挡提速的频率不断加快，许多新兴产业、新兴业态不断涌现，同时许多传统产业、传统业态迅速消亡，这对全国的工作体系产生了深远的影响，工作世界的变化速度已远超职业教育的反应速度。职业教育往往难以跟上新经济形态的发展。

职业教育与普通教育有效沟通的渠道仍不畅通。职业教育与普通教育的沟通是单向的，接受普通教育的学生很容易选择接受职业教育，而接受职业教育的毕业生要重新选择普通教育几乎不可能。此外，当前所有的考试选拔制度对职业教育学生都极为不利。单向的沟通不利于职业教育的健康发展。

产教融合仍然是职业教育体系的一个难点。校企合作办学缺乏严格的法律基础。职业教育的特性决定了企业参与职业教育的必要性，但校企合作总体上还处于探索阶段，还在低水平上运行，还缺乏法律的支撑与保障。而产业与职业教育之间的融合更存在体制机制、文化等方面的障碍，这是因为产业与职业教育之间的合作尚未形成内生、互惠、长久的机制。

职前职后难以一体化且开放程度不够。在我国，职前教育主要依托职业学校的正规教育，而职后教育虽然也大规模开展，如企业培训、社会培训、成人教育中的职业教育等，但目前，我国的职前和职后教育基本上处于相互不协调、不沟通的情况。也就是说，职业培训和职业资格体系与正规职业教育之间还没有形成和谐统一机制完整的有机整体。职业教育系统的开放性不仅指对人人开放，还指对人终身开放。虽然在我国现行的职业教育体系中，所有人都有权利、有机会获得这样或那样的职业教育或职业培训。但体系的开放程度仍然不够，主要体现为正规职业教育基本只面向适龄青少年，青少年一旦离开正规教育系统，将难以重新回归，只能选择非正规的职业教育与培训。

总而言之，构建现代职业教育体系，是转变经济发展方式的需要，是实现从中国制造到中国创造的转变、发展现代产业体系的需要，是建立学习型社会服务、构建终身教育体系的需要，是完善中国教育体系的需要，同时也是我国高等职业教育保持可持续发展的需要。

二、现代职教体系建设为高职教育发展提供了新的坐标

（一）就业导向与教育导向

未来的现代职教体系必然会实现更为顺畅的中等职业教育、专科层次职业

教育、本科层次职业教育和专业硕士及博士学位之间的衔接与沟通。这必然带来高职教育功能的转型。

说到职业教育功能，许多人把德国模式当作理想的形态。韦伯在《新教伦理与资本主义精神》一书里观察到了普鲁士手工行业的瓦解和手工业者变身产业工人的过程，但即使是韦伯的时代，普鲁士的行会的势力仍然相当强大，以至于19世纪末，德国政府通过立法把强制性手工业协会纳入半国营范围，在技能形成领域赋予他们准公共权力。这一传统一直延续至今，一百多年来手工业部门一直是学徒制培训过程中一个重要的法人行动者。对于这一机制，西伦在《制度是如何演化的》一书中引用曼诺的观点认为政府"通过与社会利益组织分享公共空间，试图把功能性组织作为维护秩序的指定代理者，从而搭建了一个调和利益的现代模式"。因此许多中国人认为现代学徒制无非是校企合作的升级版的观点应该是一种误读，德国模式中的学徒制并非校、企两个主体，而是存在一个"调和利益"的中间组织。这个"功能性组织"并不是一个如政府一样的中立组织，它在本质上代表了企业界的利益。正因为如此，德国双元制以企业的用工需求为最终依归，职业教育要通过与生产过程高度统一的教学达到让学生一毕业就能在现实的岗位上成为熟练工人的目的。直到今天，高等职业教育阶段的职业学院和专科高等学校仍然以"就业为导向"，主要功能在于促进学生就业。

而美国却不一样。同样在19世纪末，卡尔文·伍德沃德教授开始在中小学里推广手工教育，即在公立学校里引入一些技能劳动的课程。尽管很多人把"手工教育运动"看作美国学校形式职业教育的先声，但伍德沃德等人的出发点却不是为了让学生掌握一项未来的求生技能，而是希望通过引入手工课程改造僵化、低效、处于崩溃边缘的公立义务教育。伍德沃德认为"手工训练对正常的智育和德育非常重要"，因此手工训练是智育和德育的手段与补充。美国现代职业教育的这一起源深刻影响了后来的职业教育发展。到了20世纪末和21世纪初，美国职业教育主要不以学制形式而是以课程形式出现在综合高中里，通过学习职业教育课程直接进入就业市场的学生比例仍然不高，在本质上仍未摆脱伍德沃德等人提出的以贴近社会实际的课程改造普通教育的思路。在这样的职业教育环境中，人们对技能训练的功能设定与数学在普通教育系统中的地位相仿：学生所掌握的技能会否在未来被使用并不重要，重要的是通过技能训练改善智育、德育或体育的成效。与德国式"就业导向的职业教育"相对应，可以把美国式职教称为"教育导向的职业教育"。这种职业教育理念也影响到了高职教育的发展。经常把社区学院类比为中国的高职院校，实际上社区学院有着很强的升学功能，约 40% 的社区学院毕业生会寻求升入本科高校继续学习。

通过德国和美国的高职教育理念的比较，可以看到对于高职教育至少存在两种功能观：一种是以促进就业为目的的实质训练；另一种是以改善普通教育为目的的形式训练。也许，从教育导向到就业导向是一个连续的谱系，不同的国家的职业功能因为不同的政治经济背景而在这个谱系里处于不同的位置。那么，中国处于什么位置？

许多人把福建船政学堂作为中国职业学校的开端，这显然是一个与德国或美国不同的职教故事。我们一开始就进入了专门学校形式的职业教育状态，但在职教萌发后五六十年后的 1917 年，黄元培感慨道：职业学校的毕业生不想做工做农，却一心想去做官。这是因为当时的中国学校教育仍然是稀缺资源，能够接受学校教育，即使是被认为略为低端的职业教育的青年往往都被认为是社会精英，所以高职院校发挥的功能与普通的本科高校并无根本上的区别。到了中华人民共和国成立后很长一段时间，本科毕业生和专科毕业生同样都可获得干部身份，从就业角度看并不存在根本性差异，可以说在中国高职教育中的普通教育基因并未明显失去，因此，可以说中国职业教育在传统上就是教育导向型职教，这就可以解释为什么在一片挞伐声中高职院校仍然保持相当大的文化基础课比例，仍然采用传统的课堂授课方式而非像德国那样的工作场所学习。

这一传统在现代职教体系建设的大背景下显得再次重要起来。随着现代职教体系的推进，高职院校中升学的比例将有可能继续加大，高职教育就不能再是完全的就业导向，而应在一定程度上引入"教育导向"。为应对这一变化，高职院校应在重视就业教育的同时同等重要地开展通识教育、生涯探索体验和专业基础教育，为学生选择升学通道提供帮助。

（二）宽口径与窄口径

1952 年新中国开始了高等教育的院系调整，调整后全国高校都开始按照专业培养人才。在确立了专业教育制度之后，高等教育的专业数长期处于上升状态，1954 年的发布的《高等学校专业分类设置》中共有 257 种专业，1963 年增加到 432 种。此后，对高等学校专业设置的监管松懈，到 20 世纪 80 年代初，全国实际设置的专业数已达到 1 300 多种，其中仅实际设置的工科专业数就达到 686 种，比 1954 年增长了 3.75 倍。而我国在 1998 年编制的《中华人民共和国职业分类大典》中的职业数也不过 1 838 种。可以认为，到 20 世纪 80 年代，高等教育专业已与职业或岗位形成了某种程度的对应关系，专业教育制度设立之初所设想的使专业与国民经济社会建设需求高度吻合的目标在一定程度上确实实现了。但也是在 20 世纪 80 年代，全国人大六届一次会议上政府工作报告中就提出：目前高等教育专业设置过细，影响了学生的进一步发展。从那以后，高等教育的专业数开始逐渐减少。但是很明显，如果要真正地做到就业导向，专业数应该尽量多而不是减少。所以在高等教育领域实际上出现了人才培养定位宽口径与窄口径之争。

要在根本上解决宽、窄口径之争，重点在于更新专业建设的"对接"哲学：职业教育应该与产业进步、企业发展对接。这是造成专业越设越多、越设越细的底层原因。在信息化、智能化发展的今天，产业进步、工作世界的变化正在以超出想象的速度进行，如果在几十年前对接还是合理，今天再用对接思路发展高等职业教育显然是不合时宜的。在此，提出高职教育专业建设的"融合"理念。

专业设置应该体现产业融合。在制造业中，由设计、制造、销售、升级服务等组成的"微笑"曲线中，中国主要还在曲线的最低端——制造，高端的设计和销售、升级服务还不是我们的强项。前段时间，有国内企业表示，为跨国公司贴牌生产产品在国外可以销售很好，但内销却困难重重，因为设计能力不强，无法针对国内情况开展设计，销售能力不足，打不出自己的品牌，反过来又会影响到制造环节。提到产业升级，许多人以为是技术升级，但真的仅是技术升级的话，高职教育所能发挥的作用就被限制了，而实际上的产业升级是产业的所有环节的升级，对制造业来说，就是把微笑曲线拉平，就是要实现制造业的服务业化，在这方面高职教育是能够发挥巨大作用的。

除了以上的融合外，不同产业链之间的交叉也越来越多。生产制造、物流配送、公共交通都大规模使用物联网技术；LED 技术使灯具产业的产业链大为缩短，产生在许多新型的灯具企业、艺术设计公司；通过移动支付，互联网公司甚至可以运作跨行业、跨地区的联合营销。这些融合都催生了一些新职业和新岗位。

在这种情况下，学校不应该继续"对接"产业开设专业，而应该"设计"新专业，根据学校对产业发展的理解，自行设计几个能够体现学校教育思想的专业出来，既体现对传统专业的尊重，也增加新兴产业的元素。这样设计出来的新专业并不一定是真实产业界正在如火如荼发展的领域，但一定是体现了产业发展方向、体现了教育理念的教育教学领域。在过去，教师配备、资源调整、学生管理等都在制约新专业的出现，但在今天泛在的互联网和移动网条件下，教师的重新组合、学生的重新组合甚至资源的重新组合的流畅程度更高，完全可以组建虚拟的具有特定目标的学生项目组，让不同专业的学生、不同学科背景的教师组成团队共同完成特定的学习任务。如果能够做到，高职院校的人才培养就具有了全新特点：前瞻、融合、选择性、普适性、信息化。

学校的课程设置可以体现职业或岗位融合。郭台铭和许多企业家都说过中等教育质量不行，那他们是不是要求学生一毕业就能像成熟员工一样独当一面呢？从许多规模以上企业开展大量企业内训来说，企业家们并没有把专门技能培训的职责推给学校。他们所谓的教育质量不行大概是说目前的毕业生没有责任心、碰到问题不知所措、所学专长无法发挥，而学生工作技能的缺失并非主要不足。因此，学校不能盯着企业的某些岗位去开展教学，而应该跳出企业看岗位，让学生不仅能掌握专业知识和技能，更能在具体的情中运用知识与技能，在具体情境中锻炼通用的才干。

据此，专业课程应该实现大融合的主张。课程改革更应坚持情境功能化理念，即一门课存在的价值不在于它在整个知识体系中的作用与地位或在整个工作流程中的作用，而在于学完这门课后学生能够在模拟或真实情境下解决哪些问题。按照这一要求，专业课应实现以下变化。专业基础课尽量压缩，且实现功能化。压缩是指把理论推演、知识性介绍等内容大量减少，学生能看懂的交给他们自己看，经过努力也学不会的就去掉；功能化是指即使是专业基础课，也应该让学生通过学习运用知识与技能，而不是死记硬背，学生通过完成一个个活的学习任务或创新项目来学习知识。专业核心课与专业方向课应尽量项目化，学生要以产品实物或实际的服务项目完成课程学习。由于要形成产品实物，目前的课程划分就会显得不合适，会推动课程之间的融合。应形成"课堂项目＋课程项目＋学年项目＋毕业项目"的学习项目体系，学年项目应是课程项目的综合，推动更大范围的课程融合，毕业项目则可以有较高灵活性，让学生完成与就业相关的实物或真实的服务，以利其以可视化的成绩寻找工作。

教学模式应体现过程性融合。不对接企业的生产过程，学校只是远远地看着企业如何生产，只是努力去寻找生产过程背后的教育意涵然后在学校环境里再造一个更加抽象的教育过程。简单地说，这个抽象的教育过程不是模仿企业的生产过程，而是模仿企业的问题解决过程，让学生体验、了解、掌握如何发现问题、解决问题、形成新模式，可能才是学校应该做的。这就要求学校努力去按照企业的生产情境设置学习问题，而不是按照生产过程设置学习任务。

（三）层次与类型

目前，职业教育界已经全盘接受了普职二分法，甚至发展出了"职业教育是一种教育类型"的说法。但如果承认职业教育也是教育导向的，那么职业教育与普通教育的终极目标并不存在根本的差异，职业教育就不是教育中的"另类"，而只是教育终极目标的一种实现形式而已，就像普教系统中的足球特色学校通过足球运动培养学生的团队精神，你能把这些学校看作另一类学校吗？普职之间既非对立关系，也不是层次高低关系，而应是功能互补的关系。目前许多职业学校为普通中小学开设的职业体验课程就是在补齐普通教育的短板或缺项，在未来普职之间可以在差异化、非竞争的基础上通过课程交换、资源互补等多形式实现相互联通，而目前在个别地区实施的普职学分融通、学生流动的做法实际上是竞争性的资源重新配置，并不可持续。

对此，不必执着于高职院校与本科院校之间的差异，也不必执着于强化中国式的平行的教育双轨制，更没有必要去推动普通本科高校向职业教育的转型，真正需要做的是推动课程的分类管理，即开展课程认证，对那些职业倾向强的课程开展职业教育化管理，对那些学术倾向强的课程开展普通教育化管理，同时积极探索中国特色学分制和能力学分替换的机制，开展多元化的学业能力评价，鼓励有兴趣的学生多选修职业教育课程。

（四）合作与融合

在产教融合概念提出以前，职业教育界习惯于讨论校企合作问题。很多人都认为德国式 3～4 天在企业工作、1～2 天在学校学习是非常好的职业教育模式。但正如前面所说，德国职业教育并不是简单的校企合作模式，而是由行会、企业、学校组成的多主体合作模式。这个模式对于中国人而言的价值在于告诉我们单纯的学校与企业之间的合作可能是结构不良的，这是因为常常默认校企合作关系中的"企"是一个生产单位，而生产部门与教育部门之间需要调和。另外，如果仅是学校与企业两个主体之间的合作，学校对在企业发生的学习过程很难控制，由此一个推论就是当学校失去足够的控制力后学校就是一个多余的主体，让学生直接和企业合作可能更好，许多国家的实习生制度实际上就把学校从合作结构中剔除出去了。根据以上的描述，具有真正教育意义的校企合作的成功因素除了双方的合作意愿外，学校对培养过程的控制及双方目标的一致性也非常重要。德国人的强制性行会确保了三方目标的一致性，同时行会取代了学校进行培养过程的监控，为上述问题的解决提供了一个范例。但中国的问题是没有这样一种强势的行会组织，所以学校不可能把对培养过程的监控权让渡给第三方，学校也无法确保与生产部门形成目标上的一致。但好在已经有学校给出了解决范例，即不直接与企业的生产部门合作，而是与企业的培训部或企业间的联合培训机构合作，从而在很大程度上解决了教育目标一致性和教学过程可控性的问题。据此，建议是学校应该学会与有培训部的大中型企业合作或有教育服务职能的企业合作，而放弃与生产型企业的直接合作。

当现代职教体系建设中引入产教融合的概念后，高职院校不再只是被动地接受企业的合作，而应深度融入产业的发展、推动产业的进步。如全国各地正在兴建一大批特色小镇，这些小镇建设往往缺乏高端知识型和技术技能型人才的指导，影响了建设质量。高职院校可以充分发挥自己的人才优势、智力优势，全面介入小镇的规划、建设、评估、保障等工作。显然，产教融合概念的引入极大拓展了高职院校的功能定位，要求高职院校从单纯的就业教育机构转型发展成为地方和产业建设的引导者、推动者和实施者，这对高职院校来说也是一个全新的挑战。

第二章

高职院校教学模式研究

国外职业教育的发展，尤其是发达国家的职业教育，在办学体制机制方面经过多年的发展已经形成独特的适应本国发展的模式，对其他国家的职业教育起到重要的借鉴作用。本章分为国外四大职业教育模式、高职教学模式的内涵重构、高职院校常用的教学模式与选择策略三部分。主要内容包括德国的双元制、北美的 CBE、澳大利亚的 TAFE、英国的 BTEC 等方面。

第一节　国外四大职业教育模式

一、德国的双元制

（一）德国双元制简介

德国的双元制是一种成功的职业教育办学模式，为德国的经济腾飞做出了不可磨灭的贡献，对保证德国劳动者的高素质、产品的高质量，以及德国国民经济在国际上的持久竞争力发挥了非常重要的作用。

所谓双元，是指职业培训要求参加培训的人员必须经过两个场所的培训，一元是指职业学校，其主要职能是传授与职业有关的专业知识；另一元是企业或公共事业单位等校外实训场所，其主要职能是让学生在企业里接受职业技能方面的专业培训。所谓"双元制职业教育"就是整个培训过程是在工厂企业和国家的职业学校进行，并且这种教育模式又以企业培训为主，企业中的实践和在职业学校中的理论教学密切结合。

（二）德国双元制的产生

双元制职业教育最早产生于 1897 年，这是因为产生于中世纪的学徒培训制度在 19 世纪发生了深刻的变化：一是出现了以帮助学徒提高普通基础知识和职业理论水平为目标的职业进修学校；二是出现了它与企业的教学车间共同承担学徒培训任务的萌芽，从而有了校企合作教育产生的基础。

（三）德国的教育体系

德国的教育体系十分完备，大体包括基础教育、职业教育、高等教育和成人教育四大类。职业教育在整个教育体系中占有重要地位，是学生升学就业的主要渠道。学生小学毕业后进行第一次分流，分别进入普通中学（五年六年制，大多数学生毕业后进入职业学校）、文理中学（一般为九年制，为升入普通高校做准备）、实验中学（介于普通中学和文理中学之间）和综合中学（前三类学校的综合）四类学校，从而初步确定了今后就业升学的基本方向，目的性比较明确。初中（五年或六年制）毕业后实行第二次分流，根据不同职业的要求、学生及家长的意愿，一部分学生升入文理中学高中部（具备升入高等学校的资格），由于职业学校就业优势明显，大部分学生则选择到职业学校（或企业培训）接受双元制职业教育，从而德国职业教育得到大规模发展。

在法律制度上。德国强调了职业教育的重要地位。1969 年，德国颁布了《职业教育法》，对就业者上岗前和上岗后的培训（转岗培训）、培训企业和受培训者的关系以及双方的权利和义务、培训机构与人员的资格、实施培训条例的监督和考试、职业教育的组织管理和职业教育研究等，都有明确的规定。《职业教育法》对德国的职业教育起了极大的推动和促进作用。

此后，德国又相继出台了与之相配套的法律法规，诸如《企业基本法》《培训员资格条例》《青年劳动保护法》《职业教育促进法》《手工业条例》《实训教师资格条例》等，使职业教育真正做到了有法可依、有法必依、违法必究，以法律形式保障了职业教育的管理和运行，促进了职业教育健康有序地发展。在操作上，按照德国职业教育法的规定，严把"就业者必须先接受正规的职业教育"这一关，不经过正规职业培训，不准进入职业生涯。据统计，实际生活中，95%的就业者遵守了这一法律规则。

（四）德国双元制的本质

德国双元制模式的本质在于，向年轻人提供职业培训，使其掌握职业能力，而不是简单地提供岗位培训。德国双元制模式不仅注重基本从业能力、社会能力而且特别强调综合职业能力的培养，更加注重的是综合职业能力。

德国双元制模式所培养出的综合职业能力是一种跨职业的能力，对未来的发展起着关键作用。德国通过双元制模式培训的学生，可以胜任其职业领域里的所有工作任务，而不仅仅局限于某一工作岗位的任务。他们在掌握了业务能力的基础上，还学会大量基础知识，以及有实用价值的社会能力，其适应能力就得到了大大的增强，为人生道路做了铺垫。

德国双元制模式不但具有较强的技术鲜明性，超前性，而且更注重培养学生的职业道德。通过培训使学生获得宽广的知识技能面，具备较强的社会适应性和市场竞争力。

（五）德国双元制的特点

1. 理论教育和生产实践紧密结合

双元制职业教育培训的学生，绝对是企业所需要的人才。因为双元制职业教育形式下的学生，在整个职业教育中，大约 40% 是普通教育课程，60% 是专业课程。除了在学校接受最实用的理论知识外，其余大部分时间是在企业进行实践操作技能培训，他们在企业接触到的是目前使用的最先进的设备和技术，培训在很大程度上是以生产性劳动的方式进行的，从而减少了学习费用并提高了学习的目的性，这样有利于学生在培训结束后快速进入工作岗位。

2. 普通教育和职业培训相结合

德国各类教育形式之间的随时分流是一个显著特点。在基础教育结束后的每个阶段，学生都可以从普通学校转入职业学校。接受了双元制职业培训的学生也可以在经过一定时间的文化课补习后进入高等院校学习。近年来，有许多已取得大学入学资格的普通教育毕业生也从头接受双元制职业培训，力求在大学之前获得一定的职业经历和经验。

3. 政府出资和企业的广泛参与相结合

德国约有48万个企业有培训资质,它们拥有自己的培训基地和人员。没有能力单独按照培训章程提供全面和多样化的职业培训的中小企业,也能通过跨企业的培训和学校工厂的补充训练或者委托其他企业代为培训等方法参与职业教育在德国的双元制教育中,企业培训起着主导的作用,职业学校只起着配合和服务的作用。而他们的企业培训,则又分为企业内培训和跨企业培训。企业内培训可分为五大类,一是企业教学车间培训,这是企业内培训中质量最高的培训,多数在主要或大型企业中进行,其主要特征是培训与生产过程分离。二是非系统的企业培训,主要在中小型企业中进行。其主要特征是培训与生产过程联系密切,大都在生产车间中进行。三是传统的手工艺培训,其主要特征是培训与生产过程联系最密切,教学全在生产现场进行。四是办公室和服务业的系统培训,通常由大企业或行政机关负责,其主要特征是把职业学校的理论教学与企业或行政机关的实践培训联系起来;增加与实践相关的理论知识的教学比重。五是办公室和服务业的非系统培训,主要在中小型企业和办公室进行,其主要特征是通过实地操作来学习。近年来,德国又兴起了跨企业培训。跨企业培训是由若干个企业联合起来进行培训,也有一些地方当局参与其中,一些职业学校的教学车间也用于跨企业的培训。跨企业培训在各职业领域中的分布很广,而且占有一定的比重。

4. 专业培训和严格考核相结合

在德国,培训是学校和企业的事,而考核,却是行业协会的事。按照《企业基本法》的规定,学生在学校接受理论学习,在企业进行了岗位培训,完成了所学的课程和实践操作任务后,要到行业协会进行资格考试。一般情况下,行业协会指派5人担任考官,对学生进行理论和实践的全面考核。考核合格后,发给资格证书。这种考核办法,体现了公平的原则,使岗位证书更具权威性。

(六)德国双元制的运行机制

德国各级教育的有机衔接机制,确保职业教育与其他教育协同开展。在中等职业教育中,职业学校属于职业学习的普通教育或者为职业准备教育,学生毕业以各科及格证明为准。职业专科学校是全日制单轨学校,学生在校直接接受某一专业的专业培训，并获得某种岗位的职业资格。高级专科学校则只录取职业中学学生，课程既有理论也有实践，为进入大专高等专科学校做准备。其他的职业教育学生要进入高等专科学校，如为文理中学毕业生，则需到企业进行"预实习"半年，达到相关实践能力的要求；如为职业学校等的毕业生则需要到职业补习学校补习有关课程，达到相应基础知识和专业知识的要求，并通过高级专科学校的毕业考试。

由于高级专科学校（相当职业高中）与高等专科学校（大专）紧密衔接，为高等专科学校达到相应培养目标的要求奠定了很好的基础。

除了高等专科学校外，德国也有职业学院。职业学院招收文理高中的毕业生，教学上也进行双元制职业教育，主要培养高层次技术人才，要求学生毕业时掌握面宽且有一定深度的专业理论知识。

校企共同培养学生，确保人才培养教学过程实行工读交替、工学结合。在院校和企业两个地点进行，由院校负责进行普通文化课程和技术理论课教育，企业则负责实习和技术操作培训。教学内容的计划方案和大纲由州的专业委员会制订，具体内容由院校自己制订，包括院校教学和企业技术培训两大类，其中在院校的教学内容中，除了与专科高校相类似的基础理论和科学知识外，还包括了企业领域的实践经验。院校实际上实行向企业定向招生，生源必须是文理高中毕业，并与某个企业签订了培训合同，且在学习培训期间可从企业领取薪水的高中毕业生（准职工）。对学生考核考试，分平时考试和国家考试两类。由学院负责的平时考试由任课教师负责，国家考试则由州统一组织。由企业负责的平时考试由实训教师负责，国家考试由国家委托的机构（如行业协会）负责。

学生毕业设计的题目由企业选定，并报院校考试委员会审定。学生毕业论文由企业实训教师为第一指导，学院教师为第二指导，并在企业实践中完成。

德国职业教育遵循"宽进严出"原则，实行培训和考核相分离的办法。院校、企业负责培训，行业协会出题考试。接受职业教育的学生要获得国家统一颁发的资格证书并不容易，除了口试、笔试等文化课考试外，更重视技能操作考核。如果学生接受完某个专业的教育后，有种种原因没能选择自己的专业，还可以重新选择其他专业进行学习，如果没有成功获取双元制资格，政府也可继续安排其再读一年的预科班，再提供一次就业机会。这一资格证书制度为德国职业教育体系的下一环节做了铺垫准备。

职业资格证书制度是德国职业教育办学机制的一项重要内容。它是指按照国家制定的职业技能标准或者任职资格条件,通过政府认定的考核鉴定机构,对劳动者的技能水平或者职业资格进行客观公正、科学规范的评价与认证,对合格者授予相应的国家职业资格证书,也是一种特殊形式的国家考试制度。政府主要以政令、法规对职业资格制度进行宏观调控,如严格考试、注册和颁发执照,不允许没有资格的人从事规定的职业等。德国政府主要在宏观上把握职业资格制度的方向,并充分调动经济界中各个有关方面共同参与职业资格认证的关键环节,如命题、评分等。各行业协会或者学会等社会专业团体在职业资格制度中扮演主角,具体负责职业资格的评估标准制定和评估程序的运作。行业协会是职业资格认证的主体,国家只是对认证制度提供法律上的合法性保障,资格认证的具体执行则是由雇员、雇主和院校三方代表共同组成的考试委员会负责执行。各有关行业协会不仅对承担培训企业的资格进行认证,而且还负责确定不同职业的培训时间,负责审查培训企业与受培训者之间所签订的培训合同,负责职业资格认证的考务管理和考试具体安排,负责资格认证后合格证书的发放等。德国的职业资格认证体系主要由三个层次组成:① 整体上的法律制度体系,法律规定了德国职业资格认证的总体要求和具体的认证考核内容及方式;② 职业资格认证的组织实施体系,该体系包括以行业协会为主,以代表各方面利益人员组成的命题委员会及以考核专家组为具体执行人的组织机制;③ 以统一标准、统一命题、统一考核时间、统一阅卷和统一发证为核心的质量保证体系。

二、北美的CBE

(一)北美 CBE 简介

以美国、加拿大为代表的能力本位教育,产生于二次大战后。其核心是从职业岗位的需要出发,确定能力目标。通过学校聘请行业中一批具有代表性的专家组成专业委员会,按照岗位群的需要,层层分解,确定从事行业所应具备的能力,明确培养目标。然后,再由学校组织相关教学人员,以这些能力为目标,设置课程、组织教学内容,最后考核是否达到这些能力要求。

它强调以能力作为教学的基础，而不是以学历或学术知识体系为基础，对入学学员原有经验所获得的能力经考核后予以承认；强调严格的科学管理，灵活多样的办学形式。随时招收不同程度的学生并按自己的情况决定学习方式和时间，课程可以长短不一，毕业时间也不一致，做到小批量、多品种、高质量，从而打破了传统以学科为科目，以学科的学术体系和学制确定的学时安排教学和学习的教育体系以岗位群所需职业能力的培养为核心，保证了职业能力培养目标的顺利实现。

（二）能力本位教育的产生

以强调岗位能力为核心的能力本位教育思想形成于美国。20 世纪 60 年代，在美国的课程改革运动中，人们把对当时教育质量的不满归结为教师的教育、教学能力不足。于是要求改革师范教育，提高教师与教学有效性相关的能力。1967 年，能力本位教育被提出来以取代传统学科培养教师的师范教育的新方案。这种方案主张将对教师工作分析的结果具体化为教师必须具备的能力标准。到 20 世纪 70 年代，能力本位教育思想日渐成熟并开始运用到职业教育和培训中来，并被广泛应用于北美和世界其他一些地区的职业教育和培训中，其中尤以北美盛行。

但当时人们对"能力"本质的理解非常狭隘，是行为主义的，即根据一系列具体的、孤立的行为来界定"能力"，等同于"操作能力""动手能力"，而这些行为往往与被细致地分解的工作任务相联系，其目的在于使能力能够明确地陈述出来显然这里的"任务""能力"。当人们意识到：即使一个人能够完成已经明确规定的任何细小任务，他也不一定就能成为一名成功者时，这种理念很快就被人冷落了。

到了 20 世纪 80 年代中后期，能力本位的教育和培训理念又重新兴起，并且成为世纪之交职业教育和培训改革的主导理念，这与产业界强烈要求提高劳动者的职业能力相关。当时的企业界普遍反映：现行的职业教育与就业需求不直接相关的现象十分严重，只注重知识与理论的获得，而非实际的操作能力。受训人员在岗位上所表现出来的实际操作能力才是职业能力的体现。职业能力包括，专业能力、方法能力、社会能力等。

时至 20 世纪 90 年代，能力本位职教思潮又经加拿大的引介登陆中国。由于能力本位职业教育显著的优越性，它引起了世界范围内的广泛关注，曾一度成为世界职教教学改革的发展方向和国际上颇为流行的职教改革思潮。

（三）能力本位教育的基本内容

1. 出发点

能力本位教育以全面分析职业角色活动为出发点，以提供产业界和社会对培训对象履行岗位职责所需要的能力为基本原则，强调学员在学习过程中的主导地位，其核心是如何使学员具备从事某一职业所必需的实际能力。它是以从事某具体职业所必须具备的能力为出发点来确定培养目标、设计教学内容、方法和过程、评估教学效果的一种教学思想与实践模式。由于各国或各学校对能力本位教育的理解不同，所以在实践中的具体做法也不尽相同，因而能力本位教育在不同地区或机构被视为一种"学习过程的管理""职业技术教育的系统开发计划""课程开发模式"或"教学模式"。

2. 四方面

能力本位教育中的"能力"是指一种综合的职业能力，它包括四个方面：与本职相关的知识、态度、经验（活动的领域）、反馈（评价、评估的领域）。四方面均达到才构成了一种"专项能力"，专项能力以一个学习模块的形式表现出来。若干专项能力又构成了一项"综合能力"，若干综合能力又构成某种"职业能力"。

3. 五大要素

以职业能力为教育的基础，并以之作为培养目标和教育评价的标准；以通过职业分析确定的综合能力作为学习的科目，以职业能力分析表所列专项能力的由易到难的顺序安排教学和学习计划。

以能力为教学的基础。根据一定的能力观分析和确定能力标准，将能力标准转换为课程，通常采用模块化课程。

调整学生的自我学习和自我评价。以能力标准为参照，评价学生多项能力，即采用标准参照评价而非常模参照评价。

教学上的灵活多样和管理上的严格科学。通常采用适应个别化差异的个别化教学。

授予相应的职业资格证书或学分。

（四）能力本位教育的影响与评价

1. 影响

能力本位教育最大特点是整个教学目标的基点是如何使受教育者具备从事某一种职业所必需的能力，因此目标很具体，针对性强。为了做到这点，就必须要强化行业用人部门和学校教育部门间的紧密合作。同时，由于在制定教学计划时把各项岗位要求进行系统分析，再组成一系列教学模块或单元，使不同起点、不同要求的受教育者都能根据自己的情况取舍，所以具有很大的灵活性。对沟通职前和职后的培训，正规和非正规教育都有好处。在教学组织管理上也自然突出了个别化的特点。

2. 优势

与传统的职教教学模式相比，能力本位教育具有四方面的优势：能力本位职业教育的教学目标明确，且针对性和可操作性强；课程内容以职业分析为基础，把理论知识与实践技能训练结合起来，打破了僵化的学科课程体系；重视学习者个别化学习，以学习者的学习活动为中心，注重"学"而非注重"教"；反馈及时，评价客观，为标准参照评价。不过能力本位职教思潮的优势特色中也存在着自身的局限性：在教育目的上存在着重视行为、忽视品德的倾向；在教育方法上强调针对具体工作进行培训，使日后的职业迁移性和继续学业受到影响。

3. 评价

能力本位思想孕育着一种崭新的教育评价尺度和配置人力资源的重要原则，它不同于传统的知识本位、学科本位的职教价值观，它为职业教育体系改革提供了新的思想动力。在能力本位思潮影响下采用的一些方法的手段，如进行职业分析、按应有能力设计教学内容、发展产学合作的教育形式等也有效地缩小了职业教育与经济发展的距离。尽管能力本位职教思潮日益为素质本位、人格本位职教思潮所取代，但它的基本思想、它对能力的强调至今仍有市场。

三、澳大利亚的技术与继续教育（TAFE）

（一）澳大利亚 TAFE 简介

澳大利亚地广人稀、资源丰富，是一个典型的多民族、多元文化的移民国家。澳大利亚政府非常重视职业教育，其主要目的是培养学习者的职业技术，提供技能培训，增强工作能力。澳大利亚职业教育在国家发展策略和框架体系引导下，经过多年的探索与发展，最终形成了以 TAFE 学院为主要特色的职业教育模式，创建了以行业参与为主导、以能力培养为基础的灵活有效的职业教育体系，其成功受到国际社会的广泛关注。澳大利亚 TAFE 全称职业技术与继续教育学院，TAFE 是澳大利亚职业技术教育的主体，具有 100 多年的办学历史，在国际上享有很高的声誉。TAFE 办学体制是由澳大利亚政府直接经营和管理，提供全国性的职业技术教育和培训，由国家认定的各个行业咨询委员会制定能力标准的一种职业教育办学模式。

澳大利亚的技术与继续教育学院设有 11 所学院，129 所专科学院，共 50 多万名学生和 2 万多名教职工。TAFE 是全国性认可与互通的职业培训教育体制，虽然各州的 TAFE 有它们各自的行政体系、课程设置，但它们的性质和特点是一致的，主要提供专业技能的训练课程，大部分课程都具实用性。TAFE 的很多课程是与工业团体共同开办的，课程设置根据工业集团的需要开设，以确保提供最切合实际的训练和最新的专业信息。TAFE 所有的文凭资格是全国互通与承认的，专科文凭课程也受到各大学的认可，这些学生在继续攻读大学学位时可以免修部分学分。

TAFE 学院招生没有年龄限制。在澳洲，政府鼓励人们不断学习。学生群体中既有十几岁的中学毕业生，也有七八十岁的老人，只要你学习，TAFE 就给你提供一切机会和便利。

TAFE 学院的职业教育和培训种类繁多，为劳动者提供所需技能培训，包括专业、非专业、高级技师、技师及操作员等不同层次。澳大利亚政府规定各个行业中，技能要求高的工作岗位必须持有职业证书才能就业，即使是大学本科以上学历的毕业生，也必须先取得 TAFE 培训相应证书，才能就业。而且在澳洲，各行业都有自己的职业标准和相应的培训标准，在职人员都要定期参加相应的职业培训，以便不断更新知识，在职人员都要定期参加相应的职业培训，以便不断更新知识，掌握本行业最新技术和了解本行业的最新发展动态。

（二）TAFE 的培养目标和文凭体制

TAFE 不仅提供职业教育、技术教育、继续教育，还提供高等教育、成人教育、社区教育等。学生层次从中学到本科乃至研究生不等，近年来，由于技术与继续教育的飞速发展，TAFE 还增设了硕士和博士学位课程。学生拿到硕士学位以后，还可以继续攻读博士学位，但硕士课程和博士课程较少。学生拿到高级证书，可直接进入悉尼理工学院攻读学士或更高一级的学位。

（三）课程设置和培训对象

TAFE 的课程设置可称得上是多样化、灵活化。TAFE 的专业及其课程是根据社会发展、行业需要、社区需求开设的，其中有金融、银行、贸易、商业、信息工程建筑、旅游、烹饪、缝纫、营销、娱乐、汽修、交通运输、媒体、艺术、室内装潢等，范围之广是任何培训团体所不能比拟的，学生可注册的课程达近千种。每年可为全日制和非全日制学生提供约 450 门课程进行选修，每年有 56 000 名不同年龄、不同社会背景、不同国家的学生在 TAFE 注册。课程设置随着行业需求进行削减或增设，如果培养出来的学生不被行业接受，此课程马上停止。课程评估分三个层次进行：课程委员会，注册委员会，国际标准。TAFE 还可依据各行业制定的职业标准和相应的培训标准，派人与全业内专职培训教师共同研讨、制定培训项目，经公司认可后，由 TAFE 照此实施。

TAFE 培训对象包括：中学毕业生、高中毕业生、社会青年、在职人员和非在职人员、残疾人、少数民族、留学生，甚至还为在押犯人提供技术培训。培训方式有职前培训、在职培训、脱岗培训、行业培训。

（四）教学模式和评估方式

TAFE 学院的教学模式是以学生为中心，实战第一。TAFE 各学院设有实践课和理论课，但以实践课为主。课堂教学以实践为主，理论为辅。大部分职业培训都是以现场教学代替课堂教学，如参加汽车培训的学员都是在实习场地而不是在课堂进行学习。教师进行现场教学，边讲解边指导，学生根据教师讲解的内容和指导进行实际操作：拆装、修理、安装、喷漆等。缝纫培训的学生操作间和教室设在同一场地，教师讲授完之后，学生可马上进行实际操作，把传授的知识当场用于实践中。学生学习的过程就是实践的过程，实践的过程就是学习的过程。不论是理论课还是实践课，他们的课堂教学模式均是以学生为主体，以实践为主线，以提高实际能力为目标。

TAFE 学院通常都没有固定的教材。课程设置、教学内容、培训专业都是根据地方经济、社会需求、行业需要等设置的，教师根据联邦政府国家培训管理局和州教育培训部总体规划及评估内容和标准选择教材，调整教学内容。这给各学院极大的灵活性和自主性，同时，学制和学习时间都采用灵活机动的方式，给学员提供了极大的方便。能力培训是 TAFE 职业培训体系的主要特色，其培养目标不在于学生在课堂教学过程中学习了什么，学会了什么，掌握了哪些理论知识，而是学生经过培训后能够做什么。所以对学生的评估不仅仅着眼于学生知识的考评，而更注重实践考核，强调学生的动手能力、实践能力和操作能力。考试一般为现场实际操作。评估者根据其效度、速度、操作中的应变能力等进行全面审核和评估，所以评估过程具有极强的实践性。

（五）TAFE 的主要特色

TAFE 职业教育的主要特色可归纳为以下几个方面。

职业能力为本位的人才培养模式。TAFE 学院着重培养学员职业能力，以便使其较快适应社会职业岗位的需要。

灵活的职业教育体系。TAFE 的课程安排既有阶段性的又有可连续性的，学员可以在不同时期，针对不同需求选择相应的课程，可以通过学分的认证，灵活地在证书、文凭或者提高个人品位等方面自由选择；学生修读 TAFE 课程后可升读有关大学学位课程，承认已修的课程，学分可以转移。

学术资格得到普遍承认。TAFE 学院所举办的各种课程均得到澳大利亚政府的承认，学员按教学计划完成规定课程的学习后，获得职业资格证书和文凭澳大利亚政府给予承认，同时获得所有英联邦国家的认可。

学员年龄不受限制。学生入学基本上没有门槛，学员年龄分布在 14～70 岁之间，但对证书和文凭的管理很严格。一些本科生为了就业，还重新到 TAFE 学院学习。

针对不同的学习对象和课程类型，采取各种灵活的方式、方法和手段开展教学工作，基本上做到了从以教师的教学为主向以学生的学习为主设计教学模式的转变。

与企业紧密合作。企业帮助学校建设培训基地，提供最先进的设备，负责教学质量评估等，为 TAFE 的发展和确保教学质量奠定了坚实的基础。TAFE 学院为企业培养实用型人才。

（六）运行机制

澳大利亚职业教育的运行主要由国家（联邦）和地方（州/领地）政府、国家培训署，国家职业教育与培训研究中心和行业技能委员会等机构进行运作。

联邦政府主要负责制定教育大政方针，确定全国职业教育学历结构体系和质量控制体系，制定证书和文凭的国家标准。国家职业和技术教育部部长委员会是澳大利亚职业教育的核心决策机构，主要由联邦、地方政府负责职业教育的部长组成，其主要职责是推行国家职业教育目标，批准国家培训署协议等，下设国家行业技能委员会、国家质量委员会、国家高级官员委员会等机构。

国家培训署是联邦政府下设机构，主要职能是代表联邦政府管理职业教育，落实政府政策，对各州、领地的职业教育院校进行相应管理、协调、指导和监督，并负责每年经费划拨。1992 年成立的国家培训署标志着 VET 体系最初的形成，2005 年 7 月，国家培训署被取消，工作职责交由联邦教育、科学和培训部，2007 年 12 月 DEST 更名为教育、就业和劳动关系部，负责监管澳大利亚职业教育与培训。

国家职业教育与培训研究中心是职业教育的研究和调查统计机构，通过组建职业教育研究信息资料库和培训信息服务中心，每年向政府提供职业教育机构毕业生就业率统计和质量信息反馈等报告。

行业技能委员会是依照国家法律申请注册的非营利机构，独立于政府，但受政府监督。每个行业技能委员会都设有董事会和专门委员会，由不同规模企业雇主代表、工会代表、行业协会代表职业院校和培训机构代表等组成，委员会通过为职业培训提供行业需求分析，参与制定行业培训计划，教学大纲、培训规范和考核标准，重点开发行业培训包，参与职业教育的办学过程和质量控制。

四、英国的商业与技术教育委员会（BTEC）

英国 BTEC 职业教育是一种在中等、高等职业教育和人才培训方面有高效性的职业教育模式，在关键技能教育的拓展方面有着卓越的表现和权威性。现在世界上有 100 多个国家采用 BTEC 课程。

（一）英国 BTEC 简介

BTEC 是英国著名的职业资格授予机构之一，成立于 1986 年。同时，BTEC 也可以作为该机构颁发的职业资格的简称。BTEC 于 1996 年与伦敦考试与评估委员会合并为爱德思基金会（以下简称"爱德思"），BTEC 资格证书遂改由爱德思国家学历及职业资格考试委员会颁发。爱德思是英国教育部授权成立、监管的机构，从事学术教育、学历评审，以及资格认定等工作。它是国际性教育组织，全球共有 100 多个国家的 57 000 所教育机构操作运行爱德思的课程。其颁发的 BTEC 证书被世界大多数国家所认可。

目前，英国的 BTEC 课程分为文凭课程和证书课程两类，从级别上分为初级、中级和高级 3 个级别。共涉及 9 个大类、上千门专业，涵盖许多实用领域，如设计、商业、护理、电脑、工程、酒店和餐饮、休闲和旅游等。其资格证书通过在学校、学院或大学以及工作场所的学习予以获得。而 BIEC（HND）属于高级文凭类职业资格证书，称"英国国家高等教育文凭"。英国很多大学在开设大学本科学位教育的同时，还单独开设 BTEC（HND）课程。BTEC（HND）作为英国国家高等教育文凭在英国的教育系统中具有特殊的地位。在大学全日制学习 BTEC（HND）的学生能够与那些攻读学位的学生一样得到同样的支持与资金。而 BTEC（HND）具有学习时间短，学习费用少的优势，因此，相当一部分英国家庭经济条件不是很好的学生选择学习 BTEC 课程。在英国的各企业，他们更希望接收 BTEC 毕业的学生而不愿意接受大学毕业生，因为前者具有直接上岗工作的能力，企业没必要再花费时间和金钱为他们进行上岗培训。

（二）BTEC 职业教育模式的特点

英国 BTEC 职业教育成为世界上具有广泛影响力的职业教育模式，其主要的特点表现在以下几方面。

1. 培养目标明确

"通用"的含义不是针对某一具体的职业，而是从事任何工作的任何人要获得成功所必须掌握的技能，即跨职业的、可变的、有助于终身学习的、可发展独立性的能力。BTEC 明确要求培养学生 7 种能力：自我管理和自我发展能力、与人合作共事能力、交往和联系能力、安排任务和解决问题能力、数字运用能力、科技运用能力、改设计和创新能力。通用能力作为 BTEC 证书课程的核心课程，并不采用单独开课的方式，而是落实在所有课程的教学活动中，有计划、有步骤地培养学生。

BTEC 课程教学的最大特点是强调以通用能力和专业能力作为教学的基础、培养目标的成果和评价的标准。这与传统的教学模式强调以学科为中心的、按学科体系来进行知识的传递有很大的不同。

2. 教育理念现代化

与传统教育相比，BTEC 确立了一种新的教育理念，以学生为中心的核心理念成为 BTEC 管理者和教师的共识。考核发证主管部门在这一指导思想下开发课程、设计教学目标，教师在这一理念下从事教学活动。BTEC 强调学生是学习的主人，强调学生的自主学习，学校应为学生的学习服务。教学过程重视学生的个性发展，鼓励个人潜能的开发。BTEC 的教学大纲、教学方法、"任务法"的考核评估方式，以及完善的学习支持系统的建立等都体现出以学生为中心的思想。

3. 教学方法的多样性和创新性

在 BTEC 课程教学实施过程中，强调以学生为中心，采用多种多样的教学方法，如课堂讨论、实践实习、社会调查、实地参观、课业、扮演角色、演讲、口头报告书面报告、自我评价、小组活动、收集资料等。BTEC 课程教学活动充分重视学生的学法，在教学方法中，明显突出了学生的主体地位，改变了传统教学中重视教法的模式，其课程教学大纲明确规定了课程的专业能力、通用能力目标和教学时间要求，这里的学时数的安排主要是考虑学生如何学，而不是考虑教师如何教。BTEC 采取以学生为中心的"三个三分之一"的教学组织形式，即三分之一课堂教学；三分之一查阅资料、搜集信息；三分之一社会实践。将理论教学与实践教学、课内与课外有机结合起来，有利于拓宽学生视野，扩大活动空间，加深实践体会，提高学习效果。

4. 师资素质要求高

BTEC 课程教学要求教师充分发挥管理、指导、服务、组织的作用。为此，教师必须创新，如编写教材的创新、教学过程的创新、课业评价上的创新等。讲授 BTEC 课程的教师要有一定的教学经验和实际工作经验，开设 BTEC课程的教师必须经常充实自己，不断提高专业水平和英语教学水平，成为专业化的新型教师队伍，为学生提供经得起外部审核、认可的、高质量的专业课程。

5. 考核评估方法独特

BTEC 考核评估的目的是考核学生解决实际问题的能力，主要通过课业的完成过程全面评估学生学习达到了什么专业能力，并测量通用能力的发展水平。所有这些都以成果作为教学评价的依据，而不是以最后的考试作为唯一考核依据。BTEC 以平时课业（如案例研究、作业、以实际工作为基础的项目等）作为考核的主要形式，给予课业以举足轻重的地位。

6. 教学质量监控体系完备

BTFC 课程教学要求学校建立全方位的质量监控体系，采用内审和外审相结合的方式进行监控管理。内审员是学校内部质量的主要责任人，由一线教师或专人担任；外审员由爱德思指定人员担任。其中，BTEC 课程教学的内审制度非常严谨，既体现目标管理又体现过程管理。它既有教务管理的职责，又有教研室管理的职责。如果内审员不能履行内审职责，会在外审时暴露出来并且不予通过。通常爱德思每学期将组织专家对学校、教师和学生进行审查考核。如有不足的地方专家将给予指定，对于最终不能达到标准的学校，将会被取消其办学资格。内外结合的方式保证了评价的真实性和可靠性，也确保了教学质量。

7. 课程颇具国际通用性

BTEC 课程以单元为单位。每个专业由若干个单元组成，单元分必修和选修，既有统一要求，又能适应不同专业发展方向的需求，非常便于学习者灵活选择。BTEC 没有正式的最低入学资格要求，学习者可以连续，或间断完成证书所规定的各门课程。通常的学习时间为两年，经考核后可以获得由英国爱德思颁发的 HND 或 ND 文凭。

8. 注重市场需求分析

BTEC 课程内容与职业需求紧密相连，主要表现在：在设置 BTEC 专业时，要开展市场研究，以明确市场的职业需求；在开发教学大纲时，课程开发专家要以雇主协会制订的职业资格标准为基础；在教学过程中，BTFC 还要求将预定单元内容与当地实际情况相结合；BTEC 以职业活动为线索来组织自由的课程内容，使得 BTEC 课程在更大程度上满足职业的现实需求，学生能满足行业企业的实际需求。

（三）BTEC 模式的运行机制

一般而言，目前城市学院约 65% 的运行经费由政府提供，政府经费主要来自中央一级，其他经费则来自本国学生学费、雇主和海外学生等。城市学院的职业教育经费是通过作为非政府性公共机构的技能资助局拨付的，一部分高等教育经费来自高等教育资助委员会及类似机构。技能资助局于 2007 年由原学习与技能委员会与有关机构合并而成，目前隶属于英国政府的商业、创新和技能部中。城市学院有重大基建项目时，可以向政府申请拨款；如通过评审，优质的城市学院有可能获得全额拨款，其他城市学院则获得部分拨款，差额部分通过自筹、贷款或者其他途径解决。

在英国，考试与资格证书授予机构简称考试机构，这些机构负责设计和评估教育培训的资格。与职业教育紧密相关并且有广泛国际业务的主要考试机构包括爱德思国家职业学历与学术考试机构、英国伦敦城市行业协会等，它们都是民间性机构。这些机构不但设计资格证书，而且是资格证书授予机构。例如，各级职业证书/文凭、高等教育/延续教育证书、国家高等教育文凭都是由爱德思国家职业学历与学术考试机构下属的商业和技术教育委员会授予的，相应的课程也是由该委员会提供的。近年来，城市学院开始提供高等教育，对城市学院而言，大学是一种新的考试与资格证书授予机构，因为城市学院按照大学的有关课程组织教学，学生完成学业时获得的基础学位是由大学授予的。

简而言之，英国高等职业教育机构是教学实施机构，它们按照考试与资格证书授予机构的课程和原则性要求组织教学，学生的资格证书由后者授予。行业技能委员会由雇主所有和管理，汇集了工会、职业团体和其他相关部门的专业知识，并得到这些机构的积极参与。目前英国有 25 个行业技能委员会，涉及各主要的行业，覆盖全国 90%以上的经济部门。行业技能委员会的任务包括：与雇主合作确定未来的技能需求；根据技能需求，规划所在行业的技能发展；界定本行业核心专业技能，确保综合性国家职业标准的建立；影响和形成资格证书的未来发展等。行业技能委员会的一项重要工作是制定国家职业标准。这些标准是为工业、服务业、商业等产业部门的职业而制定的，详细说明了各行各业不同级别的工作者所应当具备的技能，涵盖范围从最基础、最日常的工作到最高级的管理工作不等。国家职业标准规定了雇员或者准雇员必须能够做什么、知道什么，必须做到什么程度，以及他们运用技能或者执行任务的环境。政府的国家职业资格证书框架是基于国家职业标准而制定的。高等职业教育机构向雇主和产业界输送毕业生，并为其员工和学徒提供在职培训。雇主和产业界向行业技能委员会提供建议，一些雇主还组成行业技能委员会，并管理这些委员会。

（四）对 BTEC 职业教育模式的评价

1. 教育理念的可操作性

BTEC 课程的教育理念概括起来就是"以能力为本位，以学生为中心"。BTEC 课程有了一整套成熟的、可操作的体系，目标非常明确。主要是两种能力的培养，即通用能力和专业能力。这样，BTEC 课程的能力培养相当具体化，对于教师来讲，具有很强的可操作性，相当的务实。

2. 教育过程的透明性

把职业技术教育的专业教学与社会上各种职业及职业活动过程紧密联系起来，从而使教育过程有利于企业、社会的参与，职业教育成果也便于社会检验。

BTEC 课程的透明性表现在它的教学文件、设备资源都有详细的计划、说明。

在人手一册的学生手册上会告知他们所享有的权利和相应的服务，有关课程内容的说明，以及成绩的评定标准是什么，学生都一清二楚，甚至对教师给的成绩不满的申诉过程都会有详细的解释。

3. 教育评价的科学性

BTEC 课程教育评价的最主要途径就是对课业的完成情况进行成绩评定。成绩分成优、良、通过、重做四种。在评价标准上 BTEC 课程坚持客观性与开放性。客观就是重解决问题的过程。如资料选择得可靠、实用，解决方法的设计合理，有独到见解。开放就是指评价标准是相对的。这样能够给学生充分的发展空间，正因为没有绝对标准，也就不会有顶峰和止境，激励学生奋发向上。

第二节　高职教学模式的内涵重构

一、高职院校教学模式的内涵

（一）教学模式的概念

"模式"一词在汉语中是指标准的形式或样式。西方学术界通常把"模式"

理解为经验与理论之间的一种知识系统。目前，教学界对教学模式的理解各有不同。典型的表述有三种。

1. 程序性表述

教学模式是指那些特定的系统性教学理论的应用化、程序化和操作化，实质上是在一定教学思想或教学理论指导下建立起来的，较为稳定的教学活动结构框架和活动程序。它是一种特定的教学理论的应用形态，是一种应用化的具有特定程序、可以在教学实践中操作的教学理论。

2. 类型性表述

教学模式是系统地探讨教育目的，教学策略，课程设计和教材，以及社会和心理理论之间相互影响的，可以使教师行为模式化的各种可供选择的类型。教学模式的构成要素包括：理论基础、教学思想、教学目标、教学活动程序、师生配合方式、支持条件。

3. 计划性表述

乔以斯和威尔在《教学模式》一书中所下的定义，认为教学模式是构成课程和课业，选择教材，提示教师活动的一种范型或计划。

（二）教学模式的特性

随着理论研究的深入和教学实践的发展，出现了多种多样的教学模式。尽管教学模式呈现出了多样性和层次上的差异，不同的教学模式仍然具有一些共同的特性。

1. 操作性

一方面，教学模式总是从某种特定的角度、立场和维度来揭示教学的规律，比较接近教学实际而易被教师理解和运用，因而具有操作性；另一方面，教学模式的建立不是为了空洞的思维，而是为了让教师去把握和运用，因此它必须有一套操作的程序和系统。

2. 发展性

教学模式不是固定不变的，而是发展变化的。这并不是否定一个教学模式提出和建立起来后，具有相对的稳定性。但是，作为一个系统，教学模式不再是封闭的，而是可以根据教学的实际情况，加以灵活地调整，使模式中的诸多因素发挥其结构功能。教学模式的诸多因素要不断吸取新思想和新技术而不断得以改进，使之日趋完善，符合时代的需求。

3. 整体性

教学模式不只是表现和反映教学过程的一个方面或本质上的一点，而是揭示了教学过程中诸多因素之间的动态联系，从全局上把握教学过程的始末，因而具有整体性的特点。

4. 简约性

教学模式的结构和操作体系，多以精练的语言，象征的图形和明确的符号来概括和表达教学过程。教学模式不是特定教学过程中的具体经验，在其形成过程中只反映核心与本质，这就使教学模式摆脱了具体经验所具有的局限，既能使那些凌乱纷繁的实际经验理论化，又能在人们头脑中形成一个比抽象理论更具体，更简明的框架。

5. 多样性

课程模式多样化的依据主要有以下三方面：第一，同级同类学校，及其课程所处外部环境的多样性；第二，学生发展倾向和发展水平的多样化；第三，社会职业选择的多样性和复杂性。课程模式多样化是与课程模式的标准化、划一化相对应的。多样化意味着打破僵化的、单一的课程模式，突出课程模式的个性化和多样性。值得注意的是，课程模式多样化不仅指各级各类学校课程应有所不同，更主要的是指同级同类学校课程的多样化。

在功能上，教学模式既有实践方面的功能，又有理论方面的功能。

教学模式在教学原理运用于教学实践的过程中起着转化作用，可以用来指导实践。教学模式对实践的指导作用具体表现在它包括了达到某一教学目标的条件和实施的程序及方法等，使抽象的理论具有可操作性，可供教师在设计和组织具体的教学活动时进行参考；教学模式对教学活动和过程中的诸因素及其联系和作用进行了系统的建构，使教师对教学过程有一个整体的、清晰的认识和把握；教学模式还能帮助教师预见预期的教学效果。

教学模式在实际教学经验提升为教学理论的过程中起着转化作用。教学模式不仅可以从理论演绎而来，还可以来自实践。它不仅能对教学实践中的教学活动方式进行优选、概括和加工，而且在形成时就包含有一定的预测和设计。可以说，教学模式来自实践，但又高于实践。对具体的教学经验加以逐步地概括和系统的整理，便可以通过教学模式的形式而上升到理论。

（三）教学模式的发展趋势

1. 由单一化走向多样化

在 20 世纪 50 年代之前，教学模式基本上是以赫尔巴特的授受式教学模式和杜威的活动式教学模式为主导。20 世纪 50 年代至今，随着科技革命和高新技术的发展，各学科不断成熟，新的教学模式不断涌现，形成了"百家争鸣"的局面。为提高教学质量和效率，往往需要综合采用多种教学模式，以适应不同的情境和课程，教学模式呈现多样化的特点。

2. 由以"教"为主走向以"学"为主

在传统教学中，教师处于中心地位，教学模式侧重于教师如何想尽办法把知识"教"给学生，重视教学内容的选择、教学方法的使用，围绕教师为主体，而忽视了学生的主动性、创造性的培养。随着社会的进步和教育理念的发展，教学中越来越重视以人为本，强调学习者主体性的发挥和主观能动性的调动，重视学生参与程度，让学生掌握学习方法，学会学习，做到"知、情、意、行"的统一和谐发展。

3. 由现代化趋向数字信息化

传统教学模式主要是教师通过语言或简单的教具对教材等学习材料进行讲解。随着科学的进步和信息技术的发展，科技成果也越来越多地运用到教学中。进入 21 世纪，尤其当前随着互联网和数字化信息技术的发展，给教学模式的改进和创新提供了便利，"慕课、微课、翻转课堂等"的出现极大地推动了教学模式的不断改革与优化。

二、高职专业课程教学模式构建的理论

（一）坚持"以学生为中心"的指导思想

倡导"以学生为中心"不只是一句口号，而应付诸教学行动。高职课程教学应把"以学生为中心"作为自己的教育原则，明确其内涵构成，具体表现在以下五个方面。

教学过程。教学过程既是教师教的过程，又是学生学的过程。"以学生为中心"的教学更重视学生的学习过程，关注学生学到了什么、如何才能学得好。

教师和学生在教学过程中的角色。高职课程教学重视学习过程，学生在教学过程中处于中心地位，是学习的主角。学生应该积极、主动参加到学习过程中来。对自己的学习负责。教师对学生的学习起指导、引导的作用。

学习内容。"以学生为中心"的教学强调学习要与将来所从事的工作相关联，即面向应用，培养胜任岗位工作的能力。学生不仅要学习理论知识，获得实践技能并会运用这些技能，而且要发展自己的通用能力。

教学方法。高职课程教学反对那种教师讲，学生听，死记硬背的教学方法，提倡教师设计丰富多彩的学习活动，实现学生的积极主动参与，体现学生是学习的主角。课内更多的时间应该用于学生的活动，课后也应该有学生的自主学习活动。学习的场所不仅在学校。还应该有计划地安排学生到校外实习基地、工作现场学习和锻炼，到社会上去做调查研究。

学习结果的考核评估。"以学生为中心"的教学评估目的是考核学生解决实际问题的能力，因此主要采取"任务法"。用具有实际应用背景的任务全面评估学生在解决实际问题的活动中学到了什么专业能力，评估通用能力的发展水平。一门课程要连续进行多次评估，不以一次考核"定终身"。通过每次评估的反馈，促进学生的发展。

（二）教学模式的组成因素

实际上，教学模式就是正确反映教学客观规律，有效指导教学实践的教学行为范型。可以说，教学模式是已定"型"的相应教学方式。教学模式主要由

以下七个因素组合而成。

1. 理论

任何教学模式都是在某一教学理论指导下提出来的，体现了一定的价值取向。

2. 目标

教学目标，又称作"功能目标"，是教学模式的核心要素。任何教学模式都指向和完成一定的教学目标，没有教学目标的教学模式没有任何价值。功能目标是指对教学活动在学习者身上所产生的实际效果有多大或学生在教学情境中所能达到的发展水平的设定，是对一定教育理念的具体化。教学目标对构成教学模式的其他因素起着制约作用，它决定着教学模式的操作程序和师生组合，也决定着教学评价的标准和尺度。

正是由于教学模式与教学目标的这种极强的内在统一性，决定了不同教学模式的特征。例如，暗示教学模式的目标是要充分调动学生的无意识心理活动，不断促进学生潜能的发展，提高教学效果；发现教学模式的目标是以解决问题为中心，着眼于学生创造性思维能力的培养，同时使学生智力获得发展。此外，教学目标的实现程度又可以作为一种反馈信息，帮助教育者调整和重组结构程序，使教学模式不断改进和完善。

3. 程序

教学模式的程序是指实现目标的步骤和过程。任何教学模式都有自己的一套独特的操作程序和步骤。

4. 师生组合和互动

教学是教师的教和学生的学相互统一的活动。在这种活动中，教师和学生分别占据一定的地位，扮演不同的角色，产生相互作用。

不同的教学模式，就教师和学生的不同地位和作用而言，具有不同的师生组合和互动方式。

5. 活动系统

教学模式规定了完成特定目标的一系列途径、手段和方法，诸如以上方面的关联与运作就构成了教学活动系统。教学模式不同，其对应的活动系统也不同。

6. 实施条件

教学模式的条件是指完成一定的教学目标，使教学模式发挥效用所需要的基础性支持。任何教学模式都有其特定的条件，只有在这些条件得到满足时，教学模式才能发挥其效用。其条件包括多方面的内容，有对教师和学生的要求，有对教学资料，教学场地，教学设施和教学时空的要求等。

7. 教学评价

教学评价包括评价的标准、需评价的内容和评价的方法，是以建立在一定的教育价值观基础上的目标体系为依据，运用现代科学技术与方法对教学效果、教学任务完成情况，以及学生学习的质量和发展水平做出科学判断。由于不同的教学模式所要完成的教学任务和达到的教学目标不同，使用的条件和程序不同，所以评价的方法和标准亦有不同。如果用统一的标准进行评价，那是十分不科学的。目前，除了一些比较成熟的教学模式已经形成了相应的比较完善的一套评价方法和标准外，还有不少教学模式没有形成自己独特的评价方法和标准，有待进一步完善。

（三）教学模式生成的过程

由于教学模式建构不仅仅是某一种具体方法的应用，而且是多种具体方法的有机组合。教学模式生成的过程可概括为：从明确建模目的→研究典型实例→形成模式主题→确立课程结构→构建支持系统→模式实施→模式检测，再重回明确建模目的的一个多重、闭合、循环通路。

（四）确定教学模式的原则

要正确选择教学模式，确立与教学目标和内容相融合的教学结构和程序，应当考虑以下十个方面。

教学模式的选择要因学科而异。不同专业课程，甚至相同专业课程的不同阶段，都有其自身特点，建立教学模式要充分考虑其特征。

教学模式的选择要因课程内容而异。同一专业不同的教学内容分属不同的门类，教学结构及程序的安排要兼顾于此。

教学模式的选择要因学生而异。教学模式的建立要通过与学生的多次磨合才能达成。一些教师看到别人在公开课上采用经典的教学模式，似乎游刃有余，不料放到自己班上结果却大相径庭，这都是没有对本班学生的已有水平、学习习惯、结构特点进行有机结合的结果。

教学模式的选择要因教师而异。结合教师自身的优势，逐步形成有鲜明特色的教学模式，这里主要体现在教师把自己也当作教育资源，参与教学实践进程，发挥着两种不同的作用。

教学模式的选择要因教学资源而异。不同的学校其硬件设施不尽相同，软件环境也千差万别，教师只可能依托身边已有的教学资源进行教学设计和教学实践，而不能超越这一条件。

传统的教学模式必须发展和改进。传统的教学模式也有自己清晰的教学模式，其课堂流程是组织教学、复习旧知识、传授新知识、巩固所学、布置作业。应当说，这是一种简单而有效的教学程序，在传统教育时代发挥着重要作用，至今也还可以在一些情况下采用。而面对发展的高职教育形势及社会对人才的需求，就需要深入反思传统教学模式的优劣，建立适合新课程的教学模式，并在运用过程中加以发展。

教学模式的重点是结构与程序。教学模式有两个关键词：一是结构，二是程序。前者是说完成一堂课的教学包括哪些方面的内容，后者是指这堂课的教学先做什么，再做什么，最后做什么。从何处入手来考虑教学模式的结构呢？最简单的方法，就是从专业课程提出的三维目标着手，即知识与技能，过程与方法、情感态度与价值观。在当代高职教育的背景下，教学过程与方法的选择是立体互动的，主要有探究式学习、合作式学习、自主式学习、体验式学习等方式，具体的操作要因时制宜，灵活选用。

教学模式应该百花齐放。同时要防止模式化。建立专业课程的教学模式是十分必要的。一方面，尽管专业课程的教学模式并没有标准答案，但一定要符合教育规律，从课堂教学的结构和程序上入手。这样，不同课程、不同条件下的教学模式又出现了差别，可能呈现出不尽相同的方式，但最终都是殊途同归，异曲同工。另一方面，专业课程教学模式的建立又要防止矫枉过正，出现模式化。因为模式化意味着千篇一律，一成不变，表现为对流行的教学模式生搬硬套，机械模仿。

教学模式应适应当代高职教育的发展趋势。高职教育面临许多新挑战、新机遇，教学模式要顺应其发展的大趋势而转变与创新。因此，现行教学模式必须在以下方面进行转变：从教师本位向学生本位转变；从独白式教学向对话式教学转变；从封闭式教学向开放式教学转变；从传递接受式教学向以引导探究为主要特征的多样化教学转变。

教学模式是需要不断完善的。尽管对教学模式不断改革。但也存在不少问题，有待深入研究。例如，在教学模式的定位问题上，有人将其定位于理论层面，有人将其定位于操作层面，也有人将其定位于理论与实践的中间层面等。

第三节　高职院校常用的教学模式与选择策略

一、高职常用的教学模式

（一）启发式教学模式

启发式教学模式要求按照认知事物、掌握知识技能和解决问题的思维过程，逐步启发、引导学生专注认知对象，引导探究质疑释疑，激励思考，层层深入，直到积极主动地领会和掌握知识技能。启发类型多种多样，如质疑启发、情境启发、比喻启发、联想启发、类推启发、想象启发、对比启发等。启发式的实质，就是启动学生的学习的主体性、主动性、积极性，变教学的单向传输为双向互动。

（二）发现式教学模式

这是在教师的引导、启发和激励下，使学生通过一系列发现的步骤，主动、自觉地探究知识、技能或理论。这种方法，有助于培养和发展高职生的认知兴趣、创意创造的好奇心和创造欲，以及独立观察、发现、思考和解决问题的能力。

（三）问题引导教学模式

它是以问题为引导，组织学生为解决某一问题而展开学习（如自学各种材料、查阅文献资料、讨论、通过现代媒体学习等），从而将学生独立探索与掌握知识、技能有机结合起来的一种新型教学策略。它强调学生科学思维能力的培养，强调早期接触生产实践，强调在任务模拟环境下学习。具体实施如下。

① 向学生提供一套经过精心设计的"问题"或"问题情景"，以此引导学生去思考、学习相关基础知识。设计的问题必须紧密结合生产实践或生活实际，有适宜的广度、深度，通过努力和教师的指导，学生能够独立解决。

② 自学与感知。学生根据自学辅导材料（包括教学目标、相关学科内容范畴、指定参考书、参考文献及其他辅导资料）和提供的各种学习条件、学习资源（如电视教材、CAI、幻灯、实物、标本、模型）自学，以及教师辅导，从而掌握解决"中心问题"的相关课程知识、技能。

③ 小组讨论。学生写出书面材料，对问题提出合理解释及处理、解决办法。在教师指导下进行讨论，相互启发，使问题解决更加完善。

④ 对学生的学习成绩及学习效果进行考核，对解决问题的方案进行评价，并利用反馈信息改进教学。

这种教学模式的主要特点有如下两条。

一是教学内容的组织与展开打破了现有学科体系的人为界限，以实践中的问题为线索，将相关各个课程的知识综合起来，按照学生解决某一中心问题的思路去设计，将理论教学与职业实践结合起来，从而实现了学生在问题解决中学习。

二是充分调动学生的主观能动性，在问题引导下，以自学为主，使学生的学习成为自主性、探索性的活动。它要求学生独立寻找解决问题的途径和方法，并在解决问题的过程中学习知识和技能，教师主要是组织和引导学生完成任务。

（四）案例教学模式

所谓"案例"，可以理解为"以一定的媒介（文字、声音等）为载体，内含教育教学问题的实际情境"。案例教学是较先进的一种教学模式，它是指教师在教学过程中，依据教学目标，针对教学内容，选择适当案例作为教学素材，在特定的教学情境中，师生共同运用理论分析和解决问题的一种教学方法。

生动的情境性、高度的拟真性、灵活的启发性和鲜明的针对性是案例教学的基本特征。在案例教学中，使教学与实际情境沟通和融合，师生在生产、生活、社会实际的基础上创设富有挑战性的问题情境，在获取信息、分析和解决问题的过程中，感受知识和科学方法的实际价值，提高学习兴趣和热情，发挥学生的学习主动性、创造性。这是案例教学的情境性特征。教学案例是在实地调查的基础上精练地编写出来的，具有典型性和拟真性，可以训练学生通过信息的搜集、整理、加工，从而获得符合实际的判别能力。教学案例提供的是虚虚实实、能诱人深入的思维空间，具有灵活的启发性，可以达到最佳的学习效果。教学案例针对性强，学生通过案例分析，可以形成一套适合自己的思维方式和工作方式。

案例教学的意义在于能促进教师转变教学观念，不断探索新的教学内容与教学方法，激发学生浓厚的学习兴趣，乐于结合实际探索研究，培养学生的沟通能力、合作能力、分析与解决复杂问题或疑难问题的能力。

（五）项目教学模式

在教师主导下，以来自真实生产、经营、管理过程的项目或者是虚拟一个实际应用项目作为教学内容，层层剖析，逐步深入，循序渐进。项目教学型的特点是生动具体，注重细节，过程完整。

项目教学模式是高职生接触社会、接触职业实际，发挥学习主体性、主动性，获得知识技术、培养和发展能力，形成职业素质的最重要的教学模式，既适用于项目课程，也用于很多其他课程。

项目教学模式要求教师接触社会职业，广泛收集有关信息，精选教学项目，在与学生共同讨论基础上，确定项目教学目标和具体任务，再由学生根据已掌握的知识和技能，独立自主地或在教师帮助下，实施和完成项目。项目的完成要受教师乃至职业专家的真实性评估。

项目教学模式对于激发高职生的自信心、创意创造意识，及早接触职业实践、形成职业能力、态度和素质都具有积极的、良好的效果。

（六）现场教学模式

在真实情境（工厂、企业、各种职场，或者高职院校实训中心、基地、教学工厂），按教学目标、内容和任务，通过师生互动、边讲边看、边讲边练、讲看练有序结合的教学方法。

学校实训中心或基地、教学工厂，可以模拟实际职业岗位，创造真实性职业场景，创造出实际职业不具备的优势，如可以不破坏正常的生产、职业工作和生活秩序。可以方便地展示设备的内部结构和复杂的工序动作，有利于高职生了解其结构原理、动作原理和工作程序。可以人为地设计一些常见的故障，供高职生分析、判断和排除，实实在在地掌握真正的职业技术知识和技能。

现场教学模式的优点在于：通过视听渠道直接收集工作任务和工作过程的信息（技术知识、技能、技巧等），一目了然，便于在头脑形成表象，进而经头脑加工即类比或联想，内化为新的知识存入大脑中；讲练结合，使高职生亲自感受和体验，取得直接经验的知识；高职生通过真实或仿真的环境，尽早地接触到"岗位"，培养职业感情、品质和能力，逐步进入职业"角色"；而且还可以增加高职生发现、分析和解决问题的能力。

现场教学对教师要求很高，要做好现场调研、确定现场教学的内容项目，动员学生做好精神和物质等多方面准备，到现场后要做好讲解与示范，学生开始练习或实训后。要做好巡视与指导，积极督促强化训练。结束后要针对现场教学的收获和问题，做出针对性的点评，布置学生做好实训、实练报告并布置好后续的学习任务。

现场教学的关键在于加强师生互动和激励机制，使学生保持长久的实操热情，充分发挥其主动性和创意创造性，但要预防不安全操作。

（七）插播教学模式

它是在讲授过程中，适时穿插播放电教教材（电视短片等，短则几分钟长至十几分钟）或视频的一种教学模式。具体实施如下。

① 在教室内配备放像机或闭路电视遥控操作装置或简易传话装置，最好是配备教师直接操作录像机的装置。

② 教师针对重点或难点（尤其是那些难以用语言或其他媒体表达的内容），选择或制作插播型电视教材（插播短片）。

③ 设计好教学方案和程序，确定插播片的插播时机、方式和时间。可以采用先讲后播、先播后讲、边讲边播等形式。讲播结合、相互补充和促进。

④ 插播电视教材应与文字教材配套，内容精练时间短，且要有明确的目的，不随意凑合。

这种模式有 3 个特点。

一是可以优化教学过程，插播电视短片可为课堂教学提供丰富的感性材料，有利于突出重点、攻克难点，使传统教学与电化教学融为一体，取长补短，相辅相成，显著优化课堂教学过程。

二是该模式机动灵活，播讲穿插形式多样。可克服一般电视教学播放时间长、一过性、节奏快、难以吸收、记忆，缺乏交流思考等缺点。既能发挥教师主导作用，又能显示电化教学动态直观和高效率的优势，增加了教学的生动性、直观性、趣味性和灵活性，还可方便师生双向交流。

三是方便实用，效益显著。插播片短小精悍，内容精练，有的放矢，突出重点难点，方便课堂教学，且制作简便、经济实用。

（八）视听强化教学模式

根据强化理论，充分发挥电化教学声、光、形、色、动等对视觉和听觉器官的直接作用，从而产生强化效果的一种新型教学方法。该法的实施过程如下。

① 要设计强化教学程序。其一般教学程序是刺激反应强化所构成的序列，即应用电教媒体色彩的变化、画面的显示、镜头的快慢、转换、停格、特写、物特技、字幕等手法，促成学习过程刺激与反应的连接和知识的内化。如在外语语言教学中，先提供示范发音和必要的讲解，接着让学生模仿发音，紧接着进行视听强化，即应用电视教材，显示发音时口舌的变化方位、力度、持续、停顿、气流运动等视觉形象及示范发音，从而达到形成视觉表象与发音动作协同一致的强化效果，并可根据模仿发音情况，纠错矫正，进行再次强化。

② 要适当选择强化时机。一般宜选择紧跟在那些要加以巩固的反应以后立即予以强化，并在 2～3 天内再次强化，巩固强化效果。

③ 强化物通常是操作条件反应后得到的"报酬"或"目标物"，它可以引起学生的积极反应、兴趣及满足感。在教学过程中要设置一系列的强化物，利用多种强化方式和手段，对每一个小的教学步骤或单元进行有效的正向强化（积极反应的强化）。如让学生明确每一学习步骤的具体目标和意义，教师善意的微笑、嘉许或奖励，电视教材的特写、画面停格、醒目的字幕、学习难点的重复、重播。

④ 要准确设计强化的方式与频度（因学生特征及学科而异）。对于高职应

设计适应其心理特点的具体方式，并以激励成就感为主。按时间序列，一般可分为固定间隔强化和可变间隔强化两种方式。前者是每隔若干时间后，接着进行一次强化；后者的间隔时间则是随机变化的，有时可连续给予强化，有时则隔较长时间才给予强化。一般来说，可变间隔强化的反应比率比固定间隔要高一些。

视听强化教学法的主要特点是充分利用视听媒体的再现性、模拟性去实现重复学习和多次强化的目的，并结合运用言语强化、内部强化等多种方式，可产生强有力的学习激励作用，具有正向激励、行为矫正、行为塑造等特殊作用。这一教学法尤适宜于需要反复训练和识记的课程，如外语、体育、舞蹈及形体课程等。

二、高职教学模式的选择策略

从上述分析来看，不难看出，每种教学模式都建立在高职的教育理念、理论、观念和逻辑结构的基础上，都有其特点或适用范围，以及基本教学过程；也有其一定的局限性，并且没有普遍使用的教学模式。这样，就有一个选择的问题；有时，还可能采用两种或两种以上模式的问题，这就又有一个优选优组的问题。因此，在优选优组教学模式时，要讲究策略。一般要考虑以下问题。

所选择的教学模式，应当反映一定的高职教学理念、理论和教学观。

所选择的教学模式，应当体现确定或强调的高职教学目标，具有可调控的教学策略和可操作的程序。

所选择的教学模式，应当适合学生的学习水平和学习风格。

所选择的教学模式，应当适合其使用范围，并能发挥其特点等。

第三章

高职院校产教融合的运行机制

伴随着高职教育的不断深入发展，校企合作、产教融合一体化的教育模式也在逐步发展。只是目前中国的高职教育建设并不完善，还有待加强。本章重点论述了"双师"交流机制、校企实践基地共建机制、校企双向服务机制、产教融合就业机制和产教融合激励机制这五方面的内容，为高职教育发展提供了借鉴。

第一节 "双师"交流机制

一、制度建设

校企共同修订完善了《关于"双师"双向交流的实施意见》等文件，不断完善"责任明确、管理规范、成果共享"的"双师"双向交流机制。聘请企业工程技术人员承担实践教学任务，与学校教师共同开发实践教学课程内容，负责学生的技能训练指导；专任教师到合作企业顶岗实践，提高教师的实践能力；教师参与企业的技术革新、设备改造与新产品的研发，承担企业员工继续教育的培训工作。通过校企合作实现专任教师与企业技术人员的对接，解决"双师素质"教师队伍的建设问题，构建校企教学研究团队和技术创新团队，深入钻研技术、研发新产品新工艺、开发实践教学体系，共同开发和实施工学结合课程、共同开展技术研发，提高教育教学水平和企业生产效率。

高职院校出台相关文件，着力构建双向交流的动力机制。文件需要进一步明确对进企业锻炼教师及来学校兼职的企业员工在政策方面的支持及相关奖励激励措施，并明确在考核评优、职称评审、绩效考核、培训进修等方面向"双师型"教师倾斜。此外，校企共同制定相关文件，不断完善"互利共赢、共建共管"的实践教学基地共建机制及"责任明确、管理规范、成果共享"的"双师"双向交流机制。

二、主要内容

（一）教学交流

1. 教学实训基地

为促进校企深度合作，各相关企业需协助校方建设实训室，提供实训解决方案，并给予一定的支持。实训基地的建设要有效地解决校方新专业建设过程中所涉及的课程设计、人才培养方案、培养目标的制定及配套实训设备投入等问题，加快专业建设步伐，抢占发展先机。

2. 实习实训指导

实习实训指导。各院部与相关企业签订合作协议，结合相关企业的实际情况制订顶岗实习、工学结合计划（包括学生人数、专业、实习时间、实习内容、负责人等），经双方确认后执行。实习期间，校方需派出实习带队老师负责具体实习事务，保证学生遵守有关法规和相关企业的管理制度。企业派一线能工巧匠指导学生实习，提高学生的实际动手能力，积累实际经验。

校企共建课程、共同开发教材。学校聘请企业"能工巧匠"和"技术能手"实施弹性教学安排，灵活安排教学时间，与学校教师共同开发实践教学课程内容，负责学生的技能训练指导，承担实践教学任务，确保优秀兼职教师到校上课；专任教师到合作企业顶岗实践，提高教师实践能力；教师参与企业的技术革新、设备改造与新产品的研发，承担企业员工继续教育的培训工作。

（二）师资交流

1. 学校教师深入企业

学校选派教师到合作企业学习锻炼，通过学习获取企业的新知识、新技术、新工艺和新方法，多方面、多途径地培训专任教师，充实专任教师的"双师"素养。各院部根据教学任务的安排情况，每年选派一定的教师下企业锻炼学习。学校应专门出台《教师进企业（或部门、单位）挂职锻炼管理程序》，明确相关管理要求。优先安排没有实践工作经历的教师作为驻点带队教师到企业或相关单位管理学生的实习。所有教师要优先考虑借助带队实习的机会，加强与企业的联系，深入企业历练实践能力。具有企业工作经历的教师或具有高级职称的教师要同时在企业开展技术开发等项目合作。

各院部及学校教务处、人事处、科研处和督导处等职能部门要不定期地到企业走访，了解教师在企业的工作、学习情况，包括到岗情况、工作内容、工作纪律和工作成效等，探讨交流、解决问题。教师进企业实践结束，要撰写总结并填写《职业技术学院教师进企业实践考核表》，提交进企业实践效果的证明材料，如完成课题的报告或论文，收集的有利于教学教研的案例材料；与企业共同开发的培训资料；为企业培训员工、提供咨询、解决实际问题等方面的企业证明和案例材料；与企业签订的课题合作协议；企业捐赠学校的设备和资金证明材料等。

各院部、教务处、人事处等有关部门对教师进企业实践的情况进行综合考核，评定考核结果。有下列情况者视为考核不合格：实践时间内，学校检查或抽查到教师缺岗，且经核实事先没有向所在院部办理请假手续的；教师在实践期间，不遵守实践单位规章制度，造成投诉并影响恶劣或导致学校形象受损的。

教师进企业实践回校后，要在院部范围举行进企业实践成果汇报会，汇报自己的实践情况、收获与体会。教师进企业实践期间的待遇按照高职院校有关规定执行；对考核不合格的教师，扣减或不计绩效津贴；对进企业成绩显著的教师，学校按其贡献给予适当奖励。经批准在寒暑假期间进企业实践的，按加班标准每天计算补助。对于考核不合格的，则应减少甚至取消补助。

2. 企业专家进学校

企事业单位的专家、技术骨干和能工巧匠进学校。学校聘请企事业单位的专家、技术骨干和能工巧匠到学校担任兼职教师，传授实践技能和知识技术的应用，承担部分专业实训课及相关课程的教学任务。积极推介优秀教师为企业职工进行培训，也可推介学校高层（院、部领导）担任企业顾问，定期进行系列讲座，并创造专任教师和兼职教师交流的机会，如在筹建专业实验、实训室，组织教研活动等方面，积极邀请兼职教师参与，认真听取他们的意见和建议。让兼职教师指导校内教师的实践教学活动，安排专任教师和兼职教师结成对子，互通有无、取长补短等。

外聘兼职教师的任职条件。具有良好的师德、较强的敬业精神。具有一定的教育教学经验，熟悉高等职业教育的教学方法。具有中级以上专业技术职称或本科以上学历，专业知识水平较高，能胜任所讲授的课程或毕业设计论文的指导工作。某些专业课程经批准可适当放宽任职条件，但需持有相关专业职业资格证书，或技能岗位等级为高级工以上，或具有相关专业3年以上的工作经历，身体健康，精力充沛，能完成教学任务。

外聘兼职教师的管理。外聘兼职教师管理由学院（部）、教务处、督导处和组织人事处负责。各院（部）按统一的要求建立起本学院（部）外聘兼职教师档案。组织人事处汇总并建立全校外聘兼职教师档案库。各院（部）具体负责兼职教师的日常管理工作。每学期召开一次外聘兼职教师工作会议，了解外聘兼职教师的教学情况，通报学校教学信息，总结教学工作。教务处负责审核和检查兼职教师的教学工作量。兼职教师的教学质量由督导处和院（部）共同监控。督导处、各院（部）根据教学计划的要求，应不定期地抽查和了解外聘兼职教师的授课情况和课程辅导、作业批改等情况，检查教学质量。对学生意见强烈、教学效果差或严重违纪的外聘兼职教师，由督导处、各院（部）研究后及时予以辞退，并由各院（部）做好后续工作。

外聘兼职教师的职责。教学工作量包括上课、辅导、批改作业、出试卷、批改试卷、评定成绩和试卷材料归档等。按学校的教学计划、课程标准等教学文件进行讲义组织和教案制订，按行动导向、学生主体的要求实施教学，必须备有所教课程的教案，以保证教学质量。学期第一周填写"授课进度计划"并经各院（部）审核后交教务处存档备查。严格按照课程表讲课，未经聘任学院和教务处批准，不准擅自调课、停课或者更换教师。因事因病请假，复课后必须及时补课。认真进行课程辅导，作业批改。参加所授课程试卷的出题、监考和评卷等工作。在每学期课程考试结束后，按学校要求及时录入和送交学生成绩，并按照学校对试卷相关材料的要求，提供相应的材料。参加各院（部）组织的集体教研活动，每学期参加教研活动不少于 4 次，并对学校的各项工作提出合理化建议，共同搞好教学活动。

（三）技术交流

双方合作进行各种类型、各个层次的科技项目研究开发，可以通过相关媒体刊登相应的科研成果。校企联合参与行业活动，双方利用各自的优势资源，在符合当地区域经济特色的各种行业项目中深层次合作，发挥学校与企业双方各自的优势，构建"双师"双向交流、校企双向服务的机制，借助双方的师资、技术、场地和设备优势，以项目合作形式开展核心课程建设、新产品的研制、高技能与新技术培训、继续教育等方面的合作。同时，争取政府支持，共同研究，共同开发，共同实施，促进地方经济发展。校企双方利用各种学术会议、行业会议和有关推广资源，推荐介绍对方，以提高双方的知名度和影响力。

（四）文化交流

学校与企业合作举办多样化的活动（校企合作交流会、企业文化活动、企业调研活动、创业大赛、创业成果展示等），为在校大学生推介校企合作项目。这些活动可邀请媒体、企业家和专家教授等前来参加。

三、组织实施

各院部校企合作办公室负责"双师"双向交流的组织实施。为提高工作效率，各院部与相关企业要成立双向交流联络工作小组，工作小组由双方各委派 1～2 名工作人员组成。联络小组负责日常联络工作，提出阶段性合作计划，协调解决交流中的有关具体问题。

原则上每个专业，每学期与相关企业和兼职教师所做的交流要达 3 次以上。每次交流要做好记录，各院部负责检查本院部"双师"双向交流情况，组织人事处负责检查各院部"双师"双向交流情况。

各院部定期走访企业人事部门负责人，了解企业发展情况、人力资源情况和在岗员工技术、技能提升的需求，及时为企业发展提供人才培训服务，落实双师双向交流计划，分析、交流工作的开展情况。

第二节　校企实践基地共建机制

一、校内实践教学基地

校企深度融合，共建"校中厂"。引进企业进驻学校，企业按生产要求提供建设生产车间的标准、加工产品的原材料和产品的销售，学校提供符合企业生产要求的环境、场地和设备，建立生产型实训基地、教学工厂。企业选派人员管理工厂生产经营，指导师生的生产、实践和实习实训，帮助学校完善实训课程体系；学校按照生产要求，将实训课程纳入整个教学体系当中，安排学生到"校中厂"顶岗实习，派教师到"校中厂"实践。企业依据自身的生产设备和技术人员情况，提出人才需求规格要求，由校企双方共同开发实践教学课程，将企业文化、生产工艺、生产操作等引入教学课程。高职院校应该积极地与当地的企业取得联系，共建实习基地。

（一）实训基地建立的原则

实训基地的建立原则为共建、共管、共享和共赢。通过优势互补，深入、持续、健康地合作；服务教学原则，"校中厂"实训基地应积极开展实践教学、科学研究和中间试验，逐步成为技术密集、效益较高的实训基地；统一管理原则，校企双方的利益与责任必须高度统一，包括统一领导、统一管理、统一规划和统一考评；校企互动原则，实训基地为学校师生提供现场教学和生存实践的平台，学校为企业一线技术人员提供更系统、更安全的理论知识，学校聘请企业一线技术人员作为学校兼职教师，通过校企互动，学校师生提高实践技能，企业技术人员增长理论知识，实现理论与实践互补。

（二）实训基地的资产管理

"校中厂"资产采购程序参照《校内实践教学条件建设与运行管理程序》执行，该资产列入学校固定资产，作为校产的一部分来管理。"校中厂"资产采购，由企业负责或双方另行协商处理，该资产不列入学校固定资产管理，由企业单列"校企合作资产"来管理。"校中厂"资产主要按照以下条款进行管理。

①　"校中厂"固定资产日常维护由使用单位负责，大修和改造项目由使用单位提出，相关上级部门批准，由资产管理部门组织实施。"校中厂"固定资产的维护由企业负责，设备改造项目则由双方另行协商处理。

②　校企合作项目资产校内转移，需到学校资产管理部门登记，同时相应变更资产管理台账，做到账、卡、物相符。校企合作项目资产原则上不允许校外转移，如确实需要，则应按照设备变更要求，办理相关设备迁出手续，如长期迁出，则应及时注销。

③　"校中厂"资产报废参照校产报废的相关规定和程序执行，报送合作企业备案。"校中厂"资产报废参照企业资产报废程序执行，报送学校备案。

（三）实训基地的绩效考核

为了推动"校中厂"实训基地健康发展，保证"校中厂"实训基地的运行质量，学校每年按照《合作协议书》和"校中厂"实训基地考核标准对"校中厂"实训基地进行考核。考核结果作为"校中厂"实训基地是否继续运营的依据，也作为是否与原协议人续签的依据（原则上考核结果不低于 70 分）。"校中厂"实训基地考核标准如下。

①　人才培养（分值 20）。按合作协议提供足够的学生实习实训岗位；产教深度融合，落实"两对接"（课程内容与职业标准、教学过程与生产过程）。

②　双师双向（分值 20）。专任教师与企业技术人员对接与互通，打造双师结构教学团队。

③　教科研（分值 20）。构建校企教学研究团队和技术创新团队，共同开发和实施工学结合课程，共同开展技术研发。

④　缴纳费用（分值 10）。根据合作协议向学校按时缴纳有关费用。

⑤　合法经营（分值 10）。生产经营符合相关法律和学校规章制度。

⑥　安全生产（分值 10）。符合安全生产要求，杜绝生产安全隐患。

⑦　现场管理（分值 10）。5S 现场管理，职业氛围营造。

二、校外实践教学基地

学校与理事会内外企业共建了多个校外实习（就业）基地，为学生顶岗实习和优质就业奠定了基础。

校企深度融合，共建"校中厂"。由企业提供实训场地、管理人员和实训条件，按照符合企业生产的要求建设生产性实训基地，将校内实训室建在企业，使单纯的实训室转变成生产车间。"校中厂"以企业为管理主体，将其纳入企业的生产、经营和管理计划当中，由企业和学校共同设计学生的实训课程，学生集中到生产性实训基地顶岗实习、实训和生产。教师和企业师傅共同承担教学任务，实现学生的专业职业能力与企业岗位职业能力相对接、实习实训环境与企业生产环境相一致。

第三节　校企双向服务机制

一、校企双向服务工作机制

推进校企双向服务项目向深度和广度发展；负责指导各二级学院校企服务合作开发项目的立项申报与建设工作；对跨专业、跨院部、跨领域的校企合作服务项目加强协调和管理；负责校企合作横向科研项目的推进，促进科技创新平台建设，校企共同开展科技研发，引导专业教师积极为企业提供技术服务，提高学校的社会服务能力。

学工处、教务处、组织人事处、财务处、资产后勤处和继续教育学院等部门在各自职责范围内负责校企合作双向服务的有关工作，形成齐抓共管的良好局面。具体包括：学工处主要负责学生顶岗期间的思想政治教育和安全管理工作，为学生的就业创业搭建良好的平台。教务处主要负责校企实践基地共建的管理、学生顶岗实习教学管理、专业建设指导委员会的建立与管理、校企合作课程开发等工作。组织人事处负责"双师素质"教师与"双师结构"教学团队建设等工作。聘请行业企业专家和专业技术人员、高技能人才担任兼职教师，承担实习实训等技能教学任务，为教师举办培训班和讲座，有计划地安排专业教师到合作单位实践锻炼。财务处主要负责核算校企合作服务项目运行成本，审查校企合作项目运行收入分配方式的合理性及财务管理。资产后勤处主要负责校企合作校内工作场地、设备的管理与监督使用及项目终止时固定资产（包括捐赠仪器设备）的清理与回收，积极为校企合作提供相关支持与服务。继续教育学院主要负责为合作企业职工提供继续教育与培训服务等工作。

二、校企双向服务内容

校企共同修订完善《校企合作实施办法》《科技特派员工作管理程序》等文件，利用学校的人力资源优势和先进的实验实训设备，与企业共同建立集科研、生产、应用和高级技术技能人才培养于一体的运作体系，形成校企双赢局面，建立校企双向服务机制，达到合作发展的目的。

依托校企合作办学理事会，充分发挥高职院校为地方经济社会发展服务的职能，依托企业行业优势，充分利用教学资源，建立紧密结合、优势互补和共同发展的双向服务机制。

（一）专业课程建设和资源建设

校企双方根据市场人才的需求情况，共同开发专业核心课程，建立突出职业能力培养的课程标准。企业提供相关职业资格标准、行业技术标准、相关岗位知识与技能要求等资料，利用自身的各种素材，不断丰富校方的教学资源库，包括重大项目可对外披露的设计文档、流程图和视频资料等。

在设置课程时一定要考虑课程规范。不管是在课程组织，还是在课程的实践过程中都要符合课程规范的要求。倡导课程组织的灵活性和多样性，提倡课程改革的标准化与同步化，提倡课程多参与实践，在真实的生产过程和生产环境中培养学生的专业技术及应用能力。

（二）"订单"式人才培养

招生前与企业签订联合办学协议，形成"订单"式人才培养模式。校企双方共同制订人才培养方案、课程标准和学生的理论课，专业课由学校负责完成，学生的生产实习、顶岗实习在企业完成，毕业后即参加工作实现就业，达到企业人才需求目标，具体设有定向委培班、企业冠名班和企业订单班等。

（三）科技开发合作

双方合作进行各种类型、各个层次的科技项目研究开发，校企联合参与行业活动，双方利用各自的优势资源，在符合地方经济特色的各种行业项目中进行深层次合作，争取地方政府支持，共同研究，共同开发，共同实施，促进地方经济发展。

（四）合作构建"双师结构"教学团队

聘请行业企业专家和专业技术人员、高技能人才担任兼职教师，承担实习实训等技能教学任务，为教师举办新技术、新设备、新工艺和新材料内容的培训班及讲座，有计划地安排专业教师下企业实践锻炼。

（五）共建实践基地

学校引进企业建设"校中厂"，借助企业生产环境和技术指导，组织专业实习，使学生提前接触生产过程，在实践中学习和掌握专业知识和技能。学校根据专业设置和实习需求，本着"优势互补，互惠互利"的原则选择适合企业建立"校中厂"，作为师生接触社会、了解企业的重要阵地，实现"走岗认识实习、贴岗专业实习、顶岗生产实习"，利用企业的条件培养学生的职业素质、实践能力和创新精神，增加专业教师的实践机会，提高其实践教学能力。

（六）交流与培训

企业派出技术专家为校方承担部分相关课程教学任务，聘请校方优秀教师作为企业特聘专家。校企双方每学期进行1～2次的教学探讨。校方与企业共同组织或参加同行业教学研讨、学习观摩等活动，企业定期向校方提供专项知识讲座，服务师生。

三、科技特派员机制

高职院校立足当地产业发展需要，实施科技特派员机制。这是校企合作的主要形式，也是学校主动服务社会的举措之一。其目的是引导广大教师深入企业（单位）、行业协会和工业园区等，积极开展社会服务活动，增强教师的社会服务能力。拓展校企合作空间，规范管理，推动校企合作办学工作，建立学校技术人才服务地方、服务企业的长效机制。

学校选拔具有扎实的相关技术领域专业知识、较强的社会服务能力、组织协调能力和有工作责任心的教师，将其派驻到工业园区、专业村镇和行业协会等，开展校企合作、人才培养、调研和联络工作。科技特派员服务区域覆盖当地主要地区。

（一）特派员选派原则

1. 按需选派

根据地方经济发展规划、区域经济发展要求和人才需要，选派专业对口、具备较强科技与社会服务能力的骨干教师担任科技特派员。

2. 任务明确

特派员派驻期间，有明确的工作任务和阶段性成果目标。以此为目标，开展相关工作。

3. 绩效考核

特派员派驻期间的工作成效与教职工年度绩效挂钩。特派员派驻期满后，应进行绩效考核，综合考察特派员的工作成效，主要包括特派员派驻期间工作任务完成情况和预期目标达成情况。考核目标写入年度个人岗位职责（任务书），考核结果计入年度工作量，作为年度绩效考核的依据。

（二）特派员应具备的条件

特派员特指立足当地产业发展需要，从学校全体在岗教师中选拔，将其派驻到当地境内的工业园区、专业村镇和行业协会等。开展校企合作、人才培养、调研和联络工作的人员须符合以下基本条件。

① 为学校在岗人员。

② 具有中级（含中级）以上专业技术职称。

③ 具有扎实的相关技术领域专业知识，较强的社会服务能力、组织协调能力和工作责任心。

（三）派驻单位应具备的条件

① 具有相当数量会员单位的学会、协会，或具有相当规模的园区管委会，或政府部门认定的专业村镇。

② 有人才培养、员工培训和技术攻关等方面的需求。

③ 认可校企合作办学工作理念，能积极配合科技特派员开展工作。

（四）特派员工作任务

1. 调研工作

深入一线，了解企业（单位）生产经营状况，考察企业（单位）技术和人才需求，收集企业产品信息与技术资料，分析、研究企业所在行业发展状况，为学校制订相关专业人才培养计划提供一手资料。

产教融合平台融合了大量的企业和相关行业，利用"政产学研市"的联动机制，可以深入了解整个行业和主要企业发展的现状、问题及发展趋势，从而为政府、行业、企业提供咨询建议，为高职院校提供人力需求报告，为科研机构提供产业需求的一手资料。

根据技术和行业发展趋势，特派员要在充分摸清企业（单位）技术需求的基础上，收集新工艺、新技术、新产品信息，以及国内外市场动态信息，了解相关技术领域的发展态势和资源布局，分析和研究有待攻克的关键技术和共性技术难题，协助企业制定技术发展战略，推进学校有关专业教师与企业协同攻关。调查地方行业发展状况，为地方政府出谋划策。

以上调研工作必须撰写和提交调研报告，并附有相关部门或单位的认可（或采纳、实施）证明和支撑材料。

2. 校企合作平台建设

构建校企合作长效运行机制。校企合作是我国高职教育的发展方向和前景所在，因此，特派员要根据学校专业特点，结合实际情况，充分发挥桥梁和纽带作用，根据企业（单位、园区）技术需求和发展战略，努力促成企业（单位）与学校的有效对接，提出机制建设内容需求、合理建议与方案，建立学习、研究合作的长效机制。

产教融合从本质来讲，就是一种新型协同创新模式。这种创新模式就是对各种主体资源的优化配置，实现各个参与主体之间的实时交流，获取更多的资源。通过主体之间的共享，提升参与主体的技能与核心创新能力。利用校企平台，联合培养人才。通过推动校企共建平台，为企业培养技术人才，为学校提供实训场地。

（五）特派员工作考核

特派员工作考核，每学年开展一次，在全校年度绩效考核时段进行，分特派员自评、管理部门审核和网上公示三个阶段。特派员考核等级分优秀、良好、合格和不合格四个等级。考核成绩低于 60 分为不合格，60 至 79 分为合格，80 至 89 分为良好，90 分以上为优秀，绩效等级按当年学校绩效考核办法执行，考核不合格者取消下一年度特派员推荐资格；对考核成绩优秀、表现突出的特派员，学校应授予"年度优秀特派员"称号和适当的物质奖励；学校对连续做出突出贡献的特派员，在技术职务晋升时应给予优先考虑。

（六）经费来源与管理

特派员工作经费纳入学校预算，归科研处管理。科技特派员工作专项经费主要为特派员进驻企业（单位）的差旅费和会务费。差旅费主要包括特派员进驻企业的交通、住宿和伙食补助等，会务费包括邀请企业（单位）代表来校参观、学术研讨等产生的费用。特派员进驻企业（单位）的差旅费由特派员提交工作台账到科研处，经科研处审核后，按正常出差报销程序办理，各项开支标准按学校统一规定执行。

四、建设创新与育人发展中心

以地方政府为主导，以切实服务地方经济和社会发展为宗旨，通过大型企业的强强联合，成立协同创新中心，推动学校与地方企业或产业化基地的深度融合，形成"多元、融合、动态、持续"的协同创新模式与机制。学校应高度重视、大力支持协同创新中心、协同育人平台的培育建设工作，从经费、人员和场所等方面进行专项投入。

产教融合平台本质上就是一个创业创新的有效载体。鼓励并引导学生、教师参与创业创新实践，并将创业与专业、与科技、与区域产业、与政府导向相结合，提升师生的创业知识和经验、创业意识、创业能力、科技知识、创新能力和创业成效，其也是产教融合一项很重要的功能。通过这个载体，形成完整的创业实践教育体系。当然，学院也要与当地政府、行业协会、企业和新闻媒体及时沟通，整合各种社会资源为创业教育服务，推动学生创新创业的社会环境建设。

第四节　产教融合就业机制

一、就业工作机制

职业教育的办学方针就是以就业为指导，将学生的就业工作放在重要位置。产教融合既是实现高职院校与企业之间共赢的重要方式，又是实现职业教育与企业可持续发展的重要途径。

高职院校应认真落实就业工作重心，明确校、院两级工作职责，加强目标管理。企业提供生产标准，参与人才培养方案的制订，参与课程开发，安排学生顶岗实习，提供就业岗位，反馈毕业生信息，积极与学校开展合作育人、合作办学，提升学生就业能力和就业质量，加大学生就业奖励基金和创业基金额度，扩建学生创业园，搭建创业平台，开展创业教育，提升学生的创业能力。高职院校强化职业生涯规划和就业指导课的师资队伍，以及学生就业服务指导中心建设，提供就业信息，开展就业咨询；建立毕业生跟踪调查制度，及时调整培养方向，适应企业要求。

二、就业反馈机制

学校做好就业意向及需求市场分析工作。多年来，根据高职院校对毕业生进行的择业意向调查，对用人单位的用人取向和用人变化进行调查，并对各专业近几年的毕业生进行部分回访，收集用人单位对录用毕业生的满意度反馈意见，有针对性地开展就业宣传和就业指导，较好地服务学生就业。学校还要对往届毕业生进行就业质量跟踪调查，发放"毕业生就业状况调查表""用人单位对毕业生就业质量评价表"，配合第三方评价机构，进行毕业生跟踪调查工作，完成高职院校近几届毕业生就业质量年度报告，按时上传至省教育厅就业指导中心。

三、产教融合就业机制的发展现状与构建

（一）发展现状

1. 经济基础发展不协调

经济基础是职业教育实现产教融合的基础，只有足够的资金支持才能保障高等职业教育改革的有效进行。但是与区域经济的增长相比，中等职业高职院校的办学实力明显不足，资金的缺乏导致高等职业教育离实现职业教育产教融合还有一段差距，在发展过程中，很难实现企业经济与职业教育产教融合的有机统一。与此同时，区域经济发展的不协调导致高职院校的办学实力很难适应区域经济的发展战略，所以缩短高职教育改革与区域经济发展的差距是当前的主要工作任务。只有不断优化高职院校改革，才能有效弥补区域经济发展的不协调，减少职业教育发展不平衡的情况，最终实现职业教育产教融合、与区域经济协调一致，进而适应区域经济发展的整体战略。

2. 高职院校课程设置不合理

近年来，随着经济发展进程的不断加快，产业在发展过程中对专业性人才的需求也呈现多样化的态势，进而导致人才培养与产业需求之间的不平衡。高职院校所设置的很多专业都是为企业的发展而服务的，但是产业的不断升级导致行业与人才培养之间产生了很大的差距，导致高职教育与实际需求之间严重不协调，即使是专业性的技术人才也满足不了企业日益发展的需求。这种矛盾导致产业发展受到了阻碍，同时企业需求与人才能力之间严重脱节，使学生在未来的工作中缺乏实践能力和技术指导，限制了学生自身的发展，也影响了高职院校的教育水平。

3. 企业的配合度不高

实现职业高职院校的产教融合，主要是为了实现人才培养的目标，目前大多职业院校在实现产教融合的过程中，严重缺乏政府的政策支持，企业在与职业高职院校进行合作的同时，缺乏科学、完善的指导体系，进而导致高职院校产教融合的效率低下。同时，相关企业在参与高职教育产教融合的过程中也没

有得到实际利益的满足，所以在此过程中，企业的参与度和积极性普遍不高。此外，高职院校的能力有限，同时还缺乏资金支持，导致高职院校自身缺乏吸引力，致使企业不愿意加入高职教育产教融合的机制，进而加大了实现产教融合与校企一体化合作的难度。

（二）机制的构建

1. 保障机制的完善

当前，我国的高职院校在实现产教融合的过程中，存在缺乏政府的政策支持的情况，也缺少科学、完善的指导体系，导致产教融合效率低下。针对这种状况，要建立健全相应的保障机制，为高职教育实现产教融合提供制度依据，坚持依法治理，只有这样才能确保高职院校产教融合机制的建立、健全和有效实施；要建立相关的制度可以确保高职教育在经济社会发展过程中的重要地位，通过加大投入力度来确保高职教育人才培养的有效进行，同时通过法规的制定来带动高职教育产教融合机制的实施；要建立现代高职院校制度，以此来引导高职院校走上职业化的管理之路，引导高职教育走进企业实践，在教学实践中全面推动校企融合。

2. 资源配置多元化

经济条件是高职教育实现产教融合的基础和前提，只有足够的资金支持才能保障高职院校教育改革的有效进行，所以，想要保障高职教育产教融合的有效运行，要保障资金来源的多元化。要建立资源多元化的配置机制，保障不同层次的职业院校及行业组织有机融合在一起，优势互补、资源共享，并实现真正意义上的产教融合，为企业的发展培养出更多的技术型人才，缩小企业人才需求与实际教学模式之间的差距，将行业资质、产教融合与校企一体化合作及社会组织进行整合，通过建立资源多样化配置机制来满足企业对技术型人才不同程度和不同层次的需求，进而促进高职教育产教融合的科学健康发展。

3. 立足于当地经济发展

高职院校的办学理念要服务于当地的经济发展，伴随着产业结构的升级换代，高职院校也需要进行相应的调整，以适应当地的经济发展，不断深化教育改革，政府、企业和高职院校"三位一体"，共同发展，服务于当地经济需求与发展。

4. 打造专业的教师团队

专业的教师团队是提高办学质量的关键要素。高职院校要积极调整教师队伍，科学设置专业教师的数量与配比，不断提升教师的素质与水平。实现部分师资的成功转型，适应新兴专业的发展；积极引进专业人才，学院每年派相关领导分赴全国各地招聘专业人才；积极推荐可塑力强的教师到企业或科研院所进修培训，为高职院校专业调整和转型提供有力的师资保障。

（三）形成地方特色品牌专业

1. 搭建产学研平台

高职院校自建院开始便积极探索产教融合的方式与途径，经过多年的实践，学院主动"走出去""请进来"的合作模式已初显成效。高职院校主动"走出去"，寻找学院与企业的契合点。高职院校结合新农村建设大力推进的现实，结合学院农林专业发展所需，组建"校中厂"相关企业，为学生顶岗实习和就业、教师开展技术研发提供了崭新的平台。

2. 创新机制

产教融合的有效实现使双方在合作中互利共赢。长期以来产教融合与校企一体化合作表现出了高职院校单方面热情的尴尬局面，为了避免"剃头挑子一头热"的尴尬，作为地方政府主办的地方性高职院校，学院应充分利用政府的现金政策，创新产教融合，出台激励政策与扶持政策，使企业能从产教融合中受益。建立产教融合发展基金。支付给学生实习期间的报酬，准予在计算缴纳企业所得税前扣除。对稳定接受学生实习实训、教师顶岗实践、支付实习学生报酬的企业，将相关经费计入企业成本，在税收上给予优惠，对职业教育发展所需的征地、基本建设等项目，地方税务应减免相关税费。

产教融合的企业可以充分利用学院的人力资源，还可以减免税费，区域内企业开始主动寻找双方的契合点与学院进行"联姻"，有些学校现已与区域内多家企业建立了较为稳定的战略合作关系。

（四）推动产业链融合发展

1. 积极建设农村综合服务中心

一所地方性的高职院校，应该建立在服务地方经济发展的地方。地方经济发展相对薄弱的地方就是农村，应对其积极推行产教融合，建设农村经济建设服务中心，使其不断地创新与发展。

2. 共同促进相关课程开发

校企合作共同开发相关课程，紧密联系社会实际需求。相互参考，共同建立新的课程标准，共同研发新的教学课程，双方互利。共同拟订教学方案，共同开发工学结合教材，共同拟定考核规范和建立试题库。课程内容要及时反映生产技术发展状况和生产技术规范要求，实现教学内容和生产实际的统一，并满足职业资格、技术等级考核的要求。

第五节　产教融合激励机制

一、人事管理与分配制度

大力推进校内人事管理与分配制度改革，坚持分配向教育教学一线的教师倾斜，确保教学一线人员人均绩效津贴标准比行政教辅部门高 5%。

完善公平、竞争、高效的校企合作激励机制。修订完善《关于深化绩效管理改革的实施方案》，进一步深化院校二级管理，扩大院部在教师引进、教师聘请、教师课酬、技术开发、经费支配等方面的自主权，实现重心下移；从社会效益和经济效益等角度制定教师参与校企合作与技术服务的核算标准，将其作为教师应完成的标准工作量的组成部分之一，纳入薪酬体系；将教师参与校企合作情况计入教师业绩考核范围，作为职称评定和年度考核的重要指标。

二、校企合作激励制度

（一）校企共建创新平台的激励内涵

激励是指组织群体为了实现既定的目标，通过特定环境条件和方式方法，以及完善的管理体系，将团队成员的心理目标唤醒和激发出来，使其对组织的承诺最大化，增强组织成员心理的调节能力和行为的控制能力，最终实现驱使个体持续有效地为组织利益着想，实现个体的内在目标与组织的整体目标相一致的过程。校企合作的激励机制是指根据平台的具体需求，在实际合作的过程中充分考虑内外积极因素，利用一切可利用的方法，使合作主体为合作目标持续挖掘智慧、努力解决问题的同时，积极性和合作动力不断提高的一种系统方法。校企合作激励的主要目的是激发合作团队成员的正确行为动机，调动其积极性和创造性，充分发挥智力效应的迭代效果，以做出更大的成绩。

（二）校企合作团队分析

参与校企合作的团队是校企合作平台的基本组成部分，校企合作激励机制的对象也主要是参与合作的团队及其成员。因此本部分主要对参与合作的校企合作团队进行剖析研究，以寻找解决激励机制构建的方法。校企合作的团队主要是由学校师生和企业的相关成员共同组成的，双方成员以任务为导向，以实现共同目标为最终目标，全体成员通力合作，实现人力、智力、财力和信息的重组优化、有效组合。

1. 参与合作团队的特点分析

（1）跨组织，结构扁平化

参与合作的团队一般是一个特殊的、临时的团队，团队一般因为合作项目而产生，可能因为项目终结而解体。从组织形式上讲，合作团队是一个跨组织的团队，文化差异较大；从构成上来讲，合作团队主要由学校师生和企业的团队成员构成；从结构上讲，合作团队的组织机制和性质对团队成员充分授权，团队成员可以有充足的发挥空间，对合作创新所面临的问题进行充分的决策，这属于典型的扁平化结构。结构的扁平化使得合作团队的管理范围和跨度得以拓展，避免了很多冗余的审批沟通环节和内耗，增强了工作的协同性，产生了比单个主体简单加和更大的价值。此外，团队中每个成员的人事关系依然属于原单位，对项目研发中出现的问题有充分的发言权，彼此之间并不存在谁比谁优越、谁是谁的领导的问题，不存在上下级关系，彼此之间都是平等、独立的，是一种相互鼓励、相互切磋、相互促进的平等关系。

（2）知识结构合理

学校的师生和企业的工作人员在参与合作团队之前有着不同的工作经历和工作经验，也有着不同的知识结构与技能基础，双方的搭配组合使得合作团队实现了知识互补、知识结构多样化，从知识结构和技术储备方面为合作项目及任务的完成提供了保障。更为重要的是，团队成员之间正式的和非正式的沟通交流，有利于团队成员之间的思维碰撞，调整工作思路和方法，从而激发出新的思路和灵感，为项目任务保质保量地完成产生积极的影响。

（3）合作与竞争并存

团队成员处于一种各为其主的合作状态，合作是因为双方组织赋予的任务使命，为了完成各自的任务，双方成员都会尽自己最大的努力进行探讨合作。同时，基于对认可的需求，团队成员也会努力工作以期得到认可，彼此之间又存在着赶超、竞争的关系。可以说，合作和竞争是共生并存的关系，任何团队组织如果没有了合作和竞争，那么这个团队也就失去了活力。但是校企合作过程中团队的竞争是一种合作性的良性竞争，而不是对抗性的恶性竞争。

2. 参与合作的团队成员的特点分析

（1）人员素质相对较高

能够参与到合作中来的团队成员的学历和文化层次相对较高，而且都具有较为专业的知识背景和技术能力，有的还是行业内的学术带头人。由学校师生和企业研发人员组成的合作团队有自己的工作习惯和特点，注重自我管理和启发，对工作有较强的责任心和忠诚度。

（2）进取心强烈，具有开拓创新精神

从事项目研发创新活动的人员必须不断地更新自己的知识储备，否则思维就会僵化，创新能力就会减弱。能够长期从事研发工作的人员必定具有保持自身优势和价值的方法和良好的习惯，而且具有强烈的进取心和学习欲望，对未知的领域和困难保持着较强的好奇心。这些特征都非常利于校企合作项目的完成。

（3）需求层次较高

团队成员将攻克难题看作一种乐趣，注重自身素质的提升和自我价值的实现，从具体的合作中体会成功带来的喜悦，从而实现更高层次的价值需求。校企合作运行阶段机制分析、认可和参与决策等是激励他们的重要因素。

（三）校企合作激励机制的运行机理

1. 校企合作项目的需求因素分析

资源的充足补给。学校和企业之所以选择合作，就是因为单方面的资源不能满足各自的需求，或者因为自身追求的目标对资源有更高的需求。此外，在双方合作的过程中，也必须对所需资源进行调整，否则就会导致创新不足，校企合作平台就不会充分发挥功效。

科研氛围的营造保持。严谨、浓厚的科研氛围对合作团队而言至关重要，只有形成了较为成熟的科研氛围和科研习惯并能够得以保持，才能激发团队的集体智慧，才能为合作创新提供智力保障和环境烘托，促进合作效果的显著提升。

公平合理的评价体系。团队的合作效果最终要依靠评价来进行确定，评价的指标主要包括成员的努力水平、成果产出量化、研发成果的数量和价值等。评价指标要适当、合理，只有评价进行得合理，才能及时、准确地衡量合作团队的创造能力，才能纠正平台的偏差和潜在风险。

2. 参与合作团队成员的需求分析

根据马斯洛的需求层次理论，人的需求可以分为生理需求、安全需求、爱和归属感、尊重和自我实现五个层次。结合激励理论和参与合作团队成员的特点，马斯洛的生理需求和安全需求对团队成员而言不是最重要的，其他三个层次的需求更为重要，具体到实际合作过程中，可以归纳为以下方面。

薪酬是合作团队成员需求的基本起始点，薪酬激励对大部分成员都是有效的。尤其是针对普通的科研工作者和基层的企业工作人员，经济性报酬依然是其改善生活最主要的来源，在各种需求中处于重要位置。确立薪酬体系的基本步骤：对双方员工的薪酬现状进行调查，尤其是相关行业的薪酬制度和薪酬水平；确定成员的绩效标准，这时可以使双方独立核算和制定标准，也可以保证合作成员在原单位领取薪水的基础上，根据项目的进度进展和效益来评定绩效标准；设计薪酬结构，包括基本工资、绩效、福利，以及各自的分配比例。此外，薪酬激励还需要依据团队成员职位变迁、工作经验的积累和需求层次的变化适时进行调整。表扬、奖励、认可、肯定和尊重是合作成员的更高层次的需求。学校和企业联合组成的研发团队，是一个涉及双方合作的组织，成员来自不同的组织，具有不同的企业文化和认知差异，团队成员之间只有相互鼓励、相互尊重，才能营造良好的合作氛围。这样既有利于培养团队成员之间的凝聚力，也有利于自身创造力的发挥。马斯洛认为，人的自尊是与生俱来的，每个人都希望自己有威望、有实力、有信心，如果尊重的需要能够被满足，就会激发出个体无限的热情和主动性。

自我实现是最高层次的需要。团队成员的个人理想和价值追求是促进其不断创新创造的不竭动力，有时甚至表现为自我超越。在组成合作团队的时候，就需要将不同的成员放到合适的工作岗位上，尽量使每位成员都能做自己感兴趣的工作。

3. 校企合作平台的激励因素分析

校企合作平台的激励因素，主要是指对合作平台及团队成员产生积极作用的相关地方应用型本科院校的校企合作机制研究因素。下面结合校企合作的情境特点和技术创新的需求特点，以及团队成员的具体需求，主要从形象的激励因素和抽象的激励因素两方面对相关影响因素进行分析和定位。

（1）形象的激励因素分析

薪酬激励。学校和企业研发人员的薪酬水平并不高，经济报酬类的激励因素仍是团队成员最主要的需求和刺激因素，也是非常有效的激励手段。薪酬不仅是生活的基本需要，也是对成员个体的能力和价值的认可，代表着其社会地位的高低，是个人价值实现最直观的体现。

资源激励。合作团队成员来自不同的组织，构成比较复杂，资源的需求也比较复杂。例如，学校科研人员需要的是资金、设备，以及一线的实践经验，企业科研人员需要的是完整的理论体系的引导及对学术前沿的把握等。此外，资源的稀缺性让双方成员受到了一定的约束。如果合作过程中双方所需要的资源得不到满足，那么维持良好的合作关系和创新积极性就只能是一句空话，再好的激励机制也只能是纸上谈兵。

（2）抽象的激励因素分析

物质激励是提高成员生活质量的重要因素，精神激励则是调动成员积极主动性和激发其责任心的重要因素，主要包括机会、制度、发展的平台，以及文化的熏陶等。这两种激励因素使得员工的个人发展空间和成长得到了保证。其中，机会主要包括学习的机会、培训的机会、晋升的机会、决策的机会和获得授权的机会等，要使这些机会通过完善的制度保障，以确保合作团队能够保持积极向上的工作热情和正常运转的动力。

4. 校企合作平台的激励目标分析

合作团队的目标要时刻得到成员的认可，必须使成员的自我存在感、情绪和自我认可度达到满意的程度。鉴于此，目标激励需要注意以下几个方面。

（1）目标要具体且具有可实现性

团队的目标对团队成员的行为具有引导、激发的作用。目标越具体，就越具有可操作性，成员的行为方向也就越明确，并且能够根据自身的情况和整体的目标不断进行调整，逐渐靠近既定目标，缩小差距。同时，目标的确定还需要具有可实现性，既要符合团队的利益，又要符合成员的整体认知水平。这样的目标才具有可考评性和努力价值。

（2）目标要客观且具有挑战性

目标的客观性和挑战性并不矛盾，挑战性对团队而言十分重要，既是技术创新活动的客观要求，又是对团队成员自身专业技能的肯定。挑战性与客观性需要兼顾，不能偏向于某一方，否则不仅起不到激励的作用，还会挫伤团队的士气和创新灵感。

（3）团队成员的目标要与团队的目标具有一致性

人是生活在社会环境中的个体，集理性和非理性于一身，团队目标的可实现程度取决于其与团队成员目标的吻合程度。对于团队整体和个体而言，二者的目标一致最有意义。

（四）校企合作激励机制的设计原则

1. 集体目标与个体目标相结合

在校企合作激励机制构建中，目标的设置需要考虑集体目标和个体目标设置的合理性，只有同时体现二者的需求，才可以更大提高团队的生产效率。

2. 具体激励与抽象激励相结合

具体的物质激励手段是基础，抽象的精神激励手段是根本，在两者有机结合的基础上，要逐步过渡到以抽象的精神激励手段为主。

3. 惩恶扬善和公平合理相结合

激励机制的主要目的是引导团队成员自觉表现出好的行为，放弃不利于团队的行为。因此，激励机制就必须严格区分正向激励和负向激励，对符合组织目标的行为要进行表扬奖励，对违背团队原则的行为要进行惩罚，而且奖励和惩罚措施要公平、适度和合理。

4. 民主公开和机会均等相结合

激励对象的选择要做到民主公开、机会均等，激励的目的要明确、方法要恰当、机会要均等，民主性、公开性和均等性与激励产生的效果和心理效应是成正比的，只有这样才能达到激励的目的，否则，激励反而会起反作用。

5. 时效和按需激励相结合

激励措施的实施需要选择合适的时机，越及时越有时效性，则效果越好，越有利于团队成员的自我激励和创造力的持续发挥。在进行激励时，应当充分考虑成员的不同需求，只有满足了不同成员的最迫切的需求，激励的效用和强度才能达到最高。例如，针对临时组建的校企合作团队，缺乏的是双方人员的彼此了解和熟识，这时就可以组织一些面向集体的拓展培训活动，使团队成员在共同的团体互动中体会团队的凝聚力，增加对彼此的熟悉程度，尽快进入无缝合作状态。

（五）校企合作激励机制的构建

为了实现深层次的校企合作，推动校企合作的有效进行，调动内部人员参与的积极性和主动性，构建高效合理的激励机制已经是大势所趋，主要可从以下几方面入手。

1. 构建多元化的激励主体

校企合作是一个涉及各级政府、学校和企业等多个组织的复杂体，这些组织通过彼此之间的依存关系建立合作关系。因此，在构建校企合作的激励机制时要构建多元化的激励主体，尤其是政府要强化主导激励地位，明确学校和企业在合作过程中的主体地位，并充分建立和发挥社会组织的桥梁和纽带作用。

高等教育培养的人才属于准公共产品，学校与企业的合作是有利于这些准公共产品的产生的，要具备上升到国家发展战略的意义，必须通过政府的各种职能手段进行调控和配置。而且高等教育在很大程度上就是政府对资源和政策进行配置后的一种结果，因此，政府作为公共资源的保障者和公共政策的制定者，应当突出其在校企合作中统筹发展的主导地位，发挥其协调、推动和监督的作用，主要可从以下几个方面入手。

政策引导。学校和企业的发展，以及校企合作的发展都离不开政府的支持，因此在学校与企业合作的激励机制构建中，政府应成为激励机制的上游，或者说要处于主导地位，为校企合作提供政策激励引导，对学校和企业一视同仁地进行支持。具体而言，政府应通过正式的政策文件确立校企合作的社会地位，明确鼓励支持的态度，并对优秀的、典型的校企合作案例进行大力宣传报道，制定相关的优惠政策和奖励措施，以提高学校和企业的知名度和公信力，调动双方合作的积极性。

资金投入。为学校办学提供办学资金是各级政府的一项基本工作，也是政府发挥主导作用的重要体现。在财政支持方面，政府可以直接向学校拨付资金，也可以对学校的优势学科或项目进行投资，同时，还可以发挥媒介作用，利用政府的公信力使学校和企业进行沟通合作，鼓励企业和社会力量捐资助学，减轻自身的财政压力。

监督管理。学校与企业合作的顺利进行离不开各级政府的监督管理。政府应设立中央、省（自治区、直辖市）、地级市、县（乡）四级专职组织管理机构，承担校企合作平台的第三方监管工作。政府机构应联合教育、财政、人事、发展和改革委员会和工商等部门共同成立校企合作指导委员会，制定合作办学的措施和发展规划，解决实际合作过程中的难题和障碍，定期对校企合作的成功案例进行推广和评优奖励。学校和企业也应该相应地成立校企合作办公室，开展对口对接、联系沟通和整体评估等工作。

2. 明确学校和企业在校企合作激励机制中的主体地位

校企合作的主要目的之一是培养具备综合素养的技术型人才，这也是校企合作主体的主要职责。虽然政府在校企合作过程中处于主导地位，但是学校和企业这两个主体的地位依然不可动摇。目前，我国存在的校企合作中，存在着一定的表面化、形式化和务虚化的现象，导致合作主体的参与积极性并不是很高。因此，在校企合作的实际开展过程中，在强化政府主导地位的同时，还需要明确学校和企业实施主体的地位，秉承互惠互利的原则，实现双赢。从学校方面而言，我国学校较高的社会地位使得学校的办学理念相对固化，很难真正走出去，去主动寻求与企业的合作。尤其是地方应用型普通学校，可寻求的资源有限，与国内重点学校相比，竞争力也明显不足，更需要发挥主观能动性，主动寻求与企业的合作。鉴于此，第一，要从根本上改变社会对大学的认知，客观认识学校的社会地位，学校也要主动配合，走出象牙塔，寻求一切有利于学校发展和人才培养的资源，完善其社会服务的职能和提升科研的转化率。第二，学校的校企合作要避免扎堆、同质化，要审时度势地认真思考自身的优势和劣势，突出办学特色，提高人才培养质量及与社会需求的吻合度。第三，高等院校应主动走出去，时刻保持与社会的共融性和同步性，对固有的办学理念、日常管理和教学模式加以更新改进，保持与企业的发展接轨，提高其培养人才服务企业的能力。第四，对企业有吸引力的项目要主动联系，引入企业的资金、设备及实践经验等。总之，学校应该从办学理念、教学模式、人才培养、优势学科和管理体制等方面进行创新性改进，吸引企业的注资和合作，这也是构建激励机制的前提和基础。

从企业方面而言，我国的大部分企业对校企合作的参与度和积极性普遍不高，这其中主要有两个原因。一是企业的根本目的是实现利益最大化，企业参与校企合作时必然会对自己的投入和产出比进行计算，一旦达不到预期，必然会放弃合作。而实际的校企合作存在着很多不确定的风险，大部分项目的市场估值不可准确预期，所以企业为了避免风险，一般会保守地选择不合作。二是校企合作过程中，学校一般处于优势地位，企业处于从属地位，企业的义务被过多地强调，而权利却得不到保护，严重挫伤了企业参与的积极性。因此，校企合作必须从调动企业的积极性方面着手，学校需要从合作姿态、合作项目管理和利益分配等方面强化平等理念，政府需要给予参与企业一定的财政补贴、政策优惠、税收减免和精神激励，同时还应该从法律法规等方面对企业的社会责任感进行规定和引导，以此加强企业参与校企合作的意识和明确其对社会的责任和义务。

（六）校企合作运行阶段激励机制分析

1. 发挥社会组织的桥梁和纽带作用

行业协会是参与校企合作的主要社会组织，行业协会是指介于政府和企业之间，以某个行业为依托，为该行业的生产经营者提供咨询、服务、协调和监督的非官方中介组织。行业协会是连接教育与行业产业的重要桥梁和纽带，旨在促进产学研结合，打通教育与行业产业之间的屏障，确保教育规划、教学内容和人才供给能够与行业产业的需求相吻合，监督企业履行校企合作中的相关职责等。概括而言，行业协会在校企合作中的作用主要体现在以下两个方面。

一方面，行业协会具有行业教育指导委员会的作用。行业协会在业内的职能相当于指导委员会，行业协会若想实现所在行业的发展创新和持续增长，选择与学校进行合作是首选。因此，各行业协会需要不断加强自身的管理体系建设和职能效用发挥，充分突出其行业引导和统筹协调的优势，发挥其在业内的影响力，加强与政府部门的密切沟通和配合，结合行业发展和区域经济有目的、有规划地选择与对口学校进行务实合作，整合行业的优势教育资源和企业资源，进行人才、智力和知识的后备补给，从而推动校企合作取得实质性进展。

另一方面，具有行业资质认证的职能。这里的资质认证主要包括对企业和学校的资质认证，即行业协会对能够进入校企合作范畴的企业和学校进行前期调研和相关的资质考察，这种认证可以是官方的，也可以是非官方的，主要为学校和企业之间的互相选择提供参考，增强彼此的信任。能够参加校企合作的学校需要满足行业内的专业需求、研发需求和人才需求，而企业则需要在管理、规模、经营状况和业内口碑等方面满足条件，并建立关于学校和企业的大数据库。在进行资质认证后，行业协会还需要根据国家的宏观政策和本行业的发展前景，制定、引导和规范校企合作的具体内容和成果转化，引导和鼓励学校与企业的合作，缩短双方进行互选和斟酌合作内容的时间，实现从"点对点"的校企合作局面向"点对面"，再到"面对面"局面的转变，扩大合作的范围，提高合作的成效，加快合作的进展速度。除此之外，政府也要对行业协会在校企合作过程中所起到的作用给予肯定和支持，并进行适当的监管、补充和扩大。从某种意义上讲，行业协会分担了部分政府的职能，如制定规章制度，对企业和学校的合作牵线搭桥等。

2. 提高学校自身的能力和吸引力

校企合作是一项涉及多个主体的大工程。学校为了加强与企业的合作并吸引更多企业参与进来，必须加强自身的能力，并凸显企业参与合作的主体地位。学校在这个过程中应主动适应校企合作的模式，对企业在合作中的地位给予充分的认同，在校内形成积极的校企合作文化，确立学校和企业合作的双主体地位；调整自身的人才培养模式，加强生产实用型的实践基地建设，提高双方资源的共享度；加快教学改革步伐，不断完善实践教学的管理机制，深化教学大纲的改革，实现教学内容和企业所需要的知识技能的对口对接，切实提高学生的就业数量和质量；定期进行市场需求分析和对口企业调研，构建基于企业需求的专业课程体系，重点强调符合地方区域经济的发展要求；强化教师队伍的组成结构，提倡教师走出去，去亲身体验，并主动将企业的工程师请进来，全面提高教师的现场实践能力，满足学校和企业教学科研和生产培训的根本需求。总之，学校作为主动方应该通过各种措施和途径，增强自身的软硬件实力，以真诚的合作态度和宽广的胸襟建立合作关系，凸显企业在合作中的主体地位，为校企合作激励机制的构建奠定良好的关系基础。

3. 调动各方参与的积极性

完善的激励制度是实现合作主体利益实现的重要保障。合理的制度体系应具有三个特点：一是规制性，即制度必须基于一定的规则，对成员主体的行为具有制约和调节的作用，在实施的具体过程中具有监督作用，对行为的结果具有奖励和惩罚细则；二是规范性，即对于固定行为具有固定的操作程序，并同时强调过程、方式方法和评价的统一性；三是文化认同性，即制度的构建要基于主体行为的文化背景和认知水平，强调共通性。校企合作激励机制的完善主要基于以下几点。

（1）搭建多方合作治理的管理体系，协调各方的利益关系

我国的高等教育管理一直采取的是政府财政拨款的单一定向管理方式。若要实现校企合作，就必须对目前的单一定向管理方式进行改革。要转变政府职能，建立由政府统筹，学校自我管理和企业参与管理的协同管理模式，需要做到以下三点。

第一，中央政府加强在高等教育发展过程中的对口管理，对于校企合作可能产生的问题进行立法、调控和引导，设置专门的机构应对校企合作，加强对校企合作的支持力度和宣传介绍，保证中央政府、学校和企业在合作共赢问题上的利益共识。

第二，地方政府需要根据地方经济的实际情况，在中央政府政策的指引下，根据地方的资源特色和区位优势，对校企合作的具体方向、内容和方式方法等细节进行具体规范，协调各方利益关系，对校企合作实现微观管理和指导。

第三，在科学、安全、高效的基础上建立投资机制，鼓励校企合作过程中多元化主体的参与。

（2）健全经费保障制度

经费不足是学校办学过程中面临的主要问题，充足的经费不但是学校办学的基础，也是校企合作的前提和基础。否则，学校将始终处于"吃不饱"和"穿不暖"的状态，需要填补的"窟窿"较多，这样就会使企业望而却步，因为企业只有把这些"窟窿"填满，才能获利。校企合作的目的不应该定位于"雪中送炭"，而应该定位于"锦上添花"。因此，校企合作激励机制的构建要以健全经费保障制度为基础，主要可从两点入手：一是改变政府单一投入的模式，可以考虑建立校企合作的专项基金；二是学校自身主动寻求资金筹集的多渠道化，

解决资金难题。

（3）完善监督管理制度

可以寻求第三方监督管理机构来完成对利益分配的监督，这个机构可以是政府专门成立的机构，也可以是通过市场规则确立的第三方监管机构。主要对校企合作的内容进行评价，财务进行审计，过程进行监督，避免利益分配不均产生的矛盾，保证激励机制的有效运行。

第四章

高职院校产教融合改进路径

资源是人类行为动力的基础。人类的各类活动无一例外要以资源为支撑，人类发展的历程从某种程度上也是石器、土地、青铜、铁器、煤、石油、电力、海洋等资源开发、利用和争夺的历程。资源是诠释组织建立、运行和发展的钥匙，民族、军队、教会、政府、企业、学校等各类组织皆是资源分散与集聚的结果。可以说，资源不仅是人类及其组织存在和发展的基础，也是解释人类及其组织行为的关键。应用型高校作为一个有机体，是由教师、学生、学校管理人员、实训设备、经费等资源聚合而成的，同时它还和有机体外部的政府、行业企业、社区、其他高校进行着资源交换。充足的资源，是应用型高校深化产教融合的根基和前提。现实来看，应用型高校匮乏的经费、学科专业、师资、场地设备等资源，不利于其通过整合内部资源和吸收外部资源深化产教融合，极大地制约了应用型高校产教融合动力。

第一节 经费方面

经费是直接从源头上决定着资源的多寡。自从人类通过贸易来增进相互间的福利开始，货币就作为一般等价物成为各种资源交换的媒介，人类通过持有货币可以购买能满足自己需要的资源，同时也可以将自己的资源兑换成货币储存起来或借贷出去。近现代社会以来，经费逐渐在个人和组织的生存和发展中扮演着越来越重要的角色，个人或组织一旦没了经费，就会丧失在现代社会生存的砝码。同样，没有足够的经费支持，应用型高校产教融合动力好似无源之水，无法流长。

一、应用型高校办学经费有限

应用型高校办学规模小，服务社会的能力差，办学经费主要源于地方政府，办学经费有限，很难为深化产教融合提供充足的动力。2016 年，部属高校的经费预算达到上百亿元，一些规模较小的人文社科类部属高校的经费预算也达到了 10 亿元左右。地方重点院校的经费预算一般在七八亿元，也有达到 10 亿元的，应用型高校的经费预算基本不超过 7 亿元，通常在两三亿元。经费从源头上决定着高校可以调动的人力、物力、技术等资源，应用型高校"囊中羞涩"的现实，直接导致其在深化产教融合的过程中被处处掣肘。

二、产教融合缺乏教育专项经费支持

《指导意见》在高校转型的"配套政策和推进机制"中鲜明地指出，加大对高校转型试点的经费支持。各地可结合现实状况，完善相关财政政策，对改革试点统筹给予倾斜支持，加大对产业发展急需、技术性强、办学成本高和艰苦行业相关专业的支持力度。建立以结果为导向的绩效评价体系，中央财政根据改革试点进展和相关评估评价结果，通过中央财政支持地方高校发展等专项资金，适时对改革成效显著的省（自治区、直辖市）给予奖励。然而调查发现，很多应用型高校并没有获得相关的教育财政专项经费。有消息指出，河南省、山东省分别安排了 2 亿元和 1 亿元的高校转型发展专项经费，广西壮族自治区将筹措建设经费 8 亿元多，启动高校转型发展应用技术大学试点工作。调研的多数应用型高校并没有获得政府的专项经费。理论上讲，实践型人力资源的培养可能比学术型人才和技术技能型人才的培养更耗费资源，因而需要更多的经费支持。应用型高校多属于省市级政府举办的高校，其教育经费本就有限，现要推进其深化产教融合，缺少经费的保障。

《指导意见》指出，鼓励应用型高校健全多元投入机制，积极争取行业企业和社会各界支持，优化调整经费支出结构，向教育教学改革、实验实训实习和"双师双能型"教师队伍建设等方面倾斜。许多应用型高校也通过项目立项等形式设立了专项经费，但这些经费数额有限，无法为应用型高校深化产教融合提供有效支撑。

应用型高校的二级学院是深化产教融合的改革试点和实施主体。深化产教融合，要求二级学院在学科专业调整、课程开发、教学改革、实验实训实习基地建设、"双师双能型"教师队伍建设等方面实施综合的系统改革。不幸的是，经费不足使许多在改革之初意气风发的二级学院，在真正推进改革的时候往往步履蹒跚。

三、企业没享受到减免税收优惠

在推进校企合作方面，许多学者提出以减免税收的方式鼓励企业主动与高校合作。2007 年，国务院发布的《中华人民共和国企业所得税法实施条例》第五十三条规定：企业发生的公益性捐赠支出，不超过年度利润总额 12% 的部分，准予扣除。公益性捐赠是指企业通过公益性社会团体或者县级以上人民政府及其部门，用于《中华人民共和国公益事业捐赠法》规定的公益事业（包括教育、科学、文化、卫生和体育事业）的捐赠。然而调查发现，多数企业不知道或没有享受到减免税收优惠，应用型高校的学校管理人员也不了解减免税收政策，因而无法以此切入点激励企业参与校企合作。出现这种情况的原因，一方面可能由于一些企业不了解减免税收政策或者企业人员不了解公司的财务或减免税收情况；另一方面可能因为减免税收政策在具体的操作和实施层面宣传不到位或者存在一些运作困难。

第二节　学科专业方面

学科是知识分门别类的结果，学科的细化和交叉形成了专业。专业的设置与变更，主要受到两方面的影响：一是产业细化或职业发展变化；二是科学发展的综合与分化。以一个学科为基础可以设置若干个专业，一个专业可能需要两个或多个学科为支撑。我国普通高等教育的 13 大学科门类下设有 110 个一级学科，一级学科之下还有层级式的二级学科、专业和研究方向。学科建设水平决定着学科发展水平，学科建设可以为学科发展提供高水平的师资队伍、教学与研究的基地、包含学科发展最新成果的课程教学内容等。

一、应用型高校学科少

学科数量和实力是应用型高校深化产教融合（主要是校企合作方面）的基

础。高等学校是以高深知识的创新、传播和应用来服务社会的，建立在知识创新和应用基础上的科研技术水平（或产品研发能力）是校企合作的重要资本。地方院校（包括地方重点院校和应用型高校）平均获得的企事业单位委托经费非常有限，仅分别为部委院校和教育部直属院校的 5.8% 和 4%。从高校和企业在人才培养和项目研发方面的合作看，相比于应用型高校，研究型大学利用其在学科、技术、设备、政策等方面的优势，获得了大型企业尤其是从事战略性新兴产业的大型企业的兴趣和支持。可以说，一所高校的学科数量越多、实力越强，其科研技术水平和产品研发能力越高，越能为企业和社会提供好的服务，越能在校企合作市场上占据优势。根据目前的评价体系，如果某个一级学科具有博士学位授予权，则说明其学科实力较强。据此，可从高校的学科设置及其具有的一级学科博士学位授予权数量，大致估计其科研技术水平。相比于研究型大学，应用型高校主要以本科为主，拥有少量硕士点，学科实力和科研技术能力较弱，很难得到大型企业的橄榄枝。从高校获得的企事业单位委托经费来看，2015 年，"985""211"及省部共建高校平均获得的企事业单位委托经费为 32 658.8 万元，而其他本科高等学校（多数是应用型高校）和高等专科学校平均获得的企事业单位委托经费仅分别为 2 073.5 万元和 42.1 万元。这种以技术交换为支撑的校企互利合作，不仅能吸引大企业加盟，而且能切实推进产教融合，促进大学和企业在人才定制培养、学生实习实践、共建研发平台与合作研究、设立教育发展基金等方面开展长期深入的合作。不仅如此，研究型大学和许多大型企业建立了合作关系，几乎垄断了区域校企合作的高端市场，这增加了应用型高校和大型企业建立合作关系的市场准入难度。

二、师范类应用型高校重视人文学科

学科和专业是高等教育培养人才的重要载体，应用型高校深化产教融合有必要依据产业发展需求调整学科方向和专业设置，建立密切对接产业链、创新链的专业体系。但是，基于知识分化与产业细化的学科专业和基于经济分散与集聚的产业之间并不是严格对应的，很多专业尤其是人文社会学科专业（如哲学、文学、社会学、史学等）和产业之间联系相对疏离和模糊，甚至横亘着不小的鸿沟。这表明，应用型高校的学科专业设置越偏重人文社科学科，越没有和产业融合的空间，其深化产教融合动力也越小。

在中国应用技术大学（学院）联盟单位中，师范类学院包括长江师范学院、重庆第二师范学院、大庆师范学院、韩山师范学院、黔南民族师范学院、曲靖师范学院、天水师范学院、周口师范学院、吉林工程技术师范学院、天津职业技术师范大学等十多所院校，约占联盟单位的 10% 以上。受历史因素影响，这些师范类应用型高校的学科专业设置偏重人文社科，深化产教融合的动力先天不足。我国的高等院校目前是以依据学科专业划分的二级学院为建制，二级学院（在学校架构中通常被划归为与党政职能部门相区别的教学单位）的设置基本上表达了学校的学科专业设置情况。正是基于此，可以选取人文社科类的教学单位（二级学院）占高校总教学单位的比例这一指标，大致衡量应用型高校的学科专业设置情况。通过调研发现，曲靖师范学院的 19 个教学单位中，继续教育学院主要承担全校的成人高等学历教育及各类非学历培训等办学任务，教师（教育）发展研究院和教师教学发展中心属于研究机构和教师培训单位，故将这 3 个单位排除出教学单位的行列。城市学院的专业设置主要有工程造价、房地产开发与管理、地理科学、酒店管理、工程管理、人文地理与城乡规划，故将其归属于人文社科类的教学单位。国际学院主要招收工商管理、会计、酒店管理、国际商务的学生，故将其归属于人文社科类的教学单位。据此可以计算出，曲靖师范学院的 16 个教学单位中，人文社科类的教学单位有 11 个（包括人文学院、法律与公共管理学院、法律与公共管理学院、外国语学院、教师教育学院、体育学院、音乐舞蹈学院、美术学院、马克思主义学院、城市学院、国际学院），占总教学单位的比例高达 68.75%。通过调研发现，重庆第二师范学院的教师教育学院的主要职能是培养、培训小学教育师资，现设有小学教育、初等教育及体育教育等本、专科专业，故将其归属于人文社科类教学单位。据此可以计算出，重庆第二师范学院的 9 个教学单位中，人文社科类的教学单位有 7 个（包括教师教育学院、学前教育学院、文学与传媒系、外国语言文学系、经济与工商管理系、旅游与服务管理系、美术系），占总教学单位的比例高达 77.78%。通过调研发现，大庆师范学院的继续教育学院主要提供管理人员培训和高校成人学历教育，故将其排除出教学单位的行列。据此可以计算出，大庆师范学院的 13 个教学单位中，人文社科类的教学单位有 9 个（包括教师教育学院、文学院、外国语学院、经济管理学院、法学院、音乐与舞蹈学院、美术与设计学院、体育学院、思想政治理论课教研部），占总教学单位的比例高达

69.23%。通过调研发现，国际教育学院包括国际学院、动画学院、软件职业技术学院，设有软件工程、动画、艺术设计和计算机应用技术等理工类专业。正是基于此，将国际教育学院划归为非人文社科类教学单位。黄淮学院的 16 个教学单位中，人文社科类的教学单位有 6 个（马克思主义学院、文化传媒学院、经济与管理学院、体育学院、外国语学院、音乐学院），占总教学单位的比例只有 37.5%。常熟理工学院的 14 个教学单位中，人文社科类的教学单位有 5 个（人文学院、外国语学院、经济与管理学院、马克思主义学院、体育部），占总教学单位的比例只有 35.71%。重庆科技学院的 13 个教学单位中，人文社科类的教学单位有 5 个（工商管理学院、法政与经贸学院、外国语学院、人文艺术学院、体育部），占总教学单位的比例只有 38.46%。综上，从人文社科类教学单位占总教学单位的比例看，理工类应用型高校一般不超过 40%，而师范类应用型高校大都接近甚至超过 70%。一般而言，理工类学科专业比人文社科类学科专业容易进行产教融合。师范类应用型高校偏重人文社科类的学科专业设置，导致其深化产教融合的限制较多、困难较大，产教融合的动力和水平较低。相反，学科专业设置偏向于理工类的应用型高校，深化产教融合的动力较为充足，产教融合的水平多居全国前列。

三、研究型大学的制约

研究型大学通常是在某一国家或地区比较有影响力的中心大学，它们是知识的创造者和国际知识系统的重要组成部分，获得了大部分研究经费，培养了绝大多数博士研究生，是公认的学术领袖。研究型大学不仅支配着处于边缘地位的应用型高校的发展，而且给应用型高校深化产教融合设置了诸多挑战，这种挑战在应用型高校的学科专业调整方面表现得尤为明显。一方面，研究型大学垄断了高端实践型人力资源的培养，掐灭了应用型高校在更高层次深化产教融合的动力。根据目前的人才培养体系，如果把应用型高校培养的人才定位于区别于高职高专的高层次实践型人力资源，那么专业学位的硕士和博士研究生可谓是高端实践型人力资源。专业学位是培养高端（硕士和博士研究生）实践型人力资源的主要通道。根据 1998 年教育部颁布的《普通高等学校本科专业目录》和 2011 年国务院学位管理协会与教育部颁布的《学位授予和人才培养学科目录（2011 年）》，我国普通高等教育有 13 大学科门类，门类下设有相应的一级学科。1993 年，中共中央、国务院印发的《中国教育改革和发展纲要》提出，"在培养教学、科研岗位所需人才的同时，大力培养经济建设和社会发展所需的应用型人才。鼓励有实践经验的优秀在职人员采用多种形式攻读硕士、博士学位"。截至 2016 年 6 月，我国全日制博士研究生专业学位类别有教育博士、兽医博士、临床医学博士、口腔医学博士、工程博士 5 种，全日制硕士研究生专业学位类别共 39 种，全日制学士专业学位类别 1 种——建筑学学士。1996 年，国务院学位管理协会第十四次会议审议通过的《专业学位设置审批暂行办法》规定："专业学位作为具有职业背景的一种学位，为培养特定职业高层次专门人才而设置。"而且，相对于本、专科层次，在研究生层次深化产教融合更有意义，遭受的阻力也相对较小。因为，本科层次比较强调通识，注重人的多学科学习和多方面发展，专业划分也比较粗略，专业和产业甚至职业之间的连接松散。研究生层次更强调学生在某一领域或某一专业的钻研，专业划分较细，高校在专业划分上的自主权和灵活性也较强，也更容易实现职业教育和产业发展的融合。然而，我国的高端实践型人力资源已经被研究型大学垄断，应用型高校在资源和制度上均没有培养高端实践型人力资源的条件和资格，这无形中掐灭了应用型高校在更高层次深化产教融合的动力。调查发现，应用型高校根本没有培养博士专业学位的资格，只有少量的（一般不超过 3 个）硕士专业学位授权点和研究型大学形成了鲜明反差。以重庆市为例，重庆市 6 所应用型高校中只有重庆三峡学院和重庆科技学院有不超过两个类别的专业硕士招生资格，其招生类别为教育硕士、农业推广硕士和工程硕士。反观研究型大学，重庆大学拥有专业学位 19 种（含建筑学学士、高级管理人员工商管理硕士、2 个工程博士领域、26 个工程硕士领域），西南大学拥有 1 种专业博士学位，21 种专业硕士学位。另一方面，很多学科本身就是应用型的，研究型大学在这些应用型学科专业上的强势，弱化了应用型高校深化产教融合的动力。人类认识世界和改造世界的过程，要经过理论、理论的实践性转化、实践应用三个具体阶段。与每一阶段相对应，人才类型可以划分为：学术型人才、工程型人才、技术技能型人才。据此，知识也可被分为理论知识、应用知识和技术技能。学科是知识制度化的分类与整合，除理论知识外，学科内部天然内含着应用知识和技术技能。从大学学科的发展看，中世纪大学所开设的文、法、医、神四个学科都有很强的应用特点。工业革命之后整体生态科学技术的迅猛发展，大大提高了大学内部应用知识和技术技能的比例，这不仅使医学、法学等强应用学科遗传至今，而且使工学、农学、艺术学、管理学等强应用特性学科充实到大学之中。

我国 13 个学科门类中，经济学、法学、工学、农学、医学、管理学、艺术学、军事学都有着很强的应用特性，一些学科门类下设的一级学科还对理论和应用作了区分。比如，经济学有两个一级学科——理论经济学和应用经济学。夸张地讲，凡知识皆有价值，任何知识都可以运用和应用到实际的生产生活之中。比如，很多人批判教育学只重视构建乌托邦式的理论，不注重应用，但其实他们忽略了教育学不仅研究教育更研究如何解释和改变教育，我国多数师范类院校的教育学科都在培养教师而非培养教育学者。一个更为重要的事实是，非应用型高校和应用型高校的边界变得越来越模糊，很多大学相继成立了应用技术学院，这些应用技术学院有的已经独立为专门学院，有的仍旧仅是大学的二级学院。比如，重庆邮电大学移通学院、重庆大学城市科技学院、苏州大学应用技术学院现已发展为独立学院，中国矿业大学、吉林大学、西南大学、重庆理工大学、西南科技大学、西安工程大学、大连海洋大学、南京林业大学等上百所大学仍以二级学院的形式设有应用技术学院。可见，中国的大学基本上都设置有应用型的学科专业，本是好事，但如果放到应用型高校深化产教融合的语境下，则会出现一些负面效应，即研究型大学的应用型学科强势反而弱了应用型高校深化产教融合培养实践型人力资源的动力。

无论是从高等教育分层分类的思想，还是国家政策的导向，抑或是地方普通本科高校发展的困境看，着力发展应用型本科教育似乎是地方本科院校摆脱发展困境的唯一出路。但是，现实的情况是，大学并没有夸张到一心培养学术型人才的地步，大学的基因中内含着应用的要素，应用型教育和应用学科专业在现代大学中占据着很大的比例，也有着不凡的规模和地位。在地方普通本科高校向应用型转变的过程中，研究型大学强势的应用学科专业，在继续支配和影响应用型高校的学科专业发展的同时，也为应用型高校这一命题的成立和应用型高校深化产教融合的动力戴上了一套"隐形的枷锁"。

第三节 师资方面

教育是教师培养学生的活动，没有好的师资，实践型人力资源的培养就好比没有专职园丁看管打理的果园，不可能结出人们预期的硕果。《指导意见》指出，加强"双师双能型"教师队伍建设。"双师双能型"教师是在以往"双师型"教师基础上对教师素养要求的进一步提升。"双师型"教师主要指"双证"或"双职称"教师，这类教师既具有专业技术人员、工艺师等技术职务，又取得教师资格并从事教育教学工作。"双能型"教师则要求教师既具备理论知识的传授能力，又具备实践教学能力。应用型高校深化产教融合迫切需要"双师双能型"师资的保障，但是应用型高校在短期内很难招买或培养出"双师双能型"教师，这进一步削弱了应用型高校深化产教融合的动力。

一、师资力量不足

应用型高校的师资相当薄弱，远逊于地方重点高校和部属高校。应用型高校的教职工数量、专任教师数量、高级职称教师数量、正高级教师占专任教师的比例、最高学历为博士的教师数量及其占专任教师的比例、享受国务院政府特殊津贴专家的数量均低于地方重点高校，更别说部属高校。其中，高级职称教师包括高校中的教授、教授级高级专业技术人员、教授级高级经济师等，副高职称教师包括副教授、高级实验师、高级专业技术人员、高级经济师等，最高学历为博士的教师不包括正在攻读博士学位的专任教师。此外，应用型高校拥有的两院院士、"万人计划"入选者、"千人计划"入选者、"青年千人计划"入选者、"外专千人计划"入选者、国务院学位管理协会学科评议组成员、"973"项目首席科学家、长江学者、"百千万人才工程""国家杰出青年科学基金"获得者等国家高层次人才屈指可数，远低于地方重点高校和部属高校。应用型高校薄弱的师资力量，直接造成其在学科实力、科研能力、声誉和教学产教融合的水平方面弱于地方重点高校和部属高校，无法诱使行业企业的主动合作，也不利于提高应用型技术技能型人才的培养产教融合的水平。问卷调查统计结果也显示，85.9%的学校管理人员和78.4%的教师认为其所在学校的师资力量不能为学校深化产教融合提供支撑。

二、专职教师实践能力不足

应用型高校专职教师的实践教学能力亟待提高。调查发现，应用型高校招聘的青年教师基本上都是校园里走出的硕士和博士，他们科研能力强，但几乎没有在企业待过，不了解一线的实践知识的传授情况，教师的实践教学能力很差。许多 45 岁以上的教师年轻时曾在行业企业工作过，改革开放后他们逐渐通过进修、读大学成为高校教师，有一定的实践经验，但这些实践经验显然已落伍于时代。许多教师教了十几年书，自己却从没进过工厂。《指导意见》指出，应用型高校要积极引进行业公认专才，聘请企业优秀专业技术人才、管理人才和高技能人才，有计划地选送教师到企业接受培训、挂职工作和实践锻炼，加强"双师双能型"教师队伍建设。调查发现，应用型高校实际拥有的真正的"双师双能型"教师可谓少之又少，许多应用型高校的二级学院"双师双能型"教师的数量通常不超过 5 名。虽然一些应用型高校号称其"双师双能型"教师占到学校总教师数量的 1/3 以上，但实际上真正能既讲好理论课又上好实验实践课的教师可谓凤毛麟角。

三、优秀行业企业师资难引进

由于提供的教师工资待遇较低，应用型高校根本无法引进行业企业的优秀师资。调查发现，重庆市应用型高校的讲师/助教的月收入平均在 4 000～6 000 元（不计课时费），除去"五险一金"之后，每个月实际到手的可支配收入约在 5 000 元。重庆市应用型高校的副教授月收入平均可达 7 500～8 500 元。民办应用型高校的教师待遇还要低于公立应用型高校。相比较而言，重庆市中级专业技术人员的月收入平均在 8 000～10 000 元，企业给专业技术人员提供的平均工资远高出应用型高校。从人才培养的角度而言，应用型高校希望引进的企业师资往往是大型企业中的中年高级专业技术人员，这个年龄段的专业技术人员既有一定的理论和实践积累，也能掌握到本领域的核心技术和前沿问题，能更好地将产业需求和生产的尖端技术介绍给应用型高校的教师和学生，深化产教融合。但是，这个阶段的专业技术人员往往又是企业的"顶梁柱"，企业给他们提供的工资往往高于平均工资，通常在 20 000 元以上。在如此悬殊的工资待遇下，应用型高校当然吸引不到优秀的企业师资。而且学校并不敢贸然给企业师资提供较好的待遇，因为这容易引发整个高校内部薪酬分配的不公平，引起其他教师的不满。更为严重的是，一些应用型高校给企业师资提供的工资是非常低的，有时甚至还不如学校的讲师/助教，这导致其很难从行业企业引进优秀的高级专业技术人员。应用型高校引进高级专业技术人员的待遇远低于博士（进校后一般在一两年内成为讲师）和教授。

四、教师培训阻力大

教师培训是提高应用型高校教师实践教学能力的重要途径。目前，可操作的教师培训方式有三种：教师到企业挂职学习，教师到国外应用技术大学考察学习，教师到国内较好的应用型高校轮岗实训。但是，资金不足、教师培训意愿不高、评价制度、观念等现实条件的束缚给应用型高校的教师培训带来一系列阻力。尤其是教师培训增加了教师的工作量，在薪酬没有相应增加的情况下，多数教师习惯于过去的以讲授课本知识为主的教学方式，并认为按照现有的教学方式照样可以完成教学工作，所以不愿意去企业参加培训。

五、外聘兼职教师不实用

在校内教师实践教学能力不强和优秀的行业企业师资难引进的情况下，应用型高校只好外聘一些兼职教师来弥补"双师双能型"教师的不足。兼职教师主要在企业工作，学校只能要求他们定期或不定期地以讲座、报告、教授少量实践课程的方式参与教学工作，并提供一定的报酬。在如此零散的教学方式下，学生的收获非常微弱。

第四节　实训设施

教育教学的场地设备是影响教育产教融合水平的重要因素。应用型高校深化产教融合，需要实训实践基地、实验（试验）室和教育教学设备的支撑。《指导意见》指出，加强实验、实训、实习环节，实训实习的课时占专业教学总课时的比例达到30%以上。按照所服务行业先进技术水平，采取企业投资或捐赠、政府购买、学校自筹、融资等多种方式加快实验实训实习基地建设。调查发现，应用型高校有关实训实践实验的场地设备相当匮乏，81.6%的学校管理人员和87.5%的教师认为学校的场地设备不能够为学校深化产教融合提供良好的条件。"巧妇难为无米之炊"，应用型高校连"炊具"的供给都不足，又何谈深化产教融合？

一、校内就业前实践的专门基地数量有限

就业前实践的专门基地也称实训中心，是学生实习（实践）和培训的主要场所，既包括学校自己筹办建立的校内就业前实践的专门基地，也包括学校和企业合作建立的校外就业前实践的专门基地。就业前实践的专门基地是提高实践型人力资源实践能力和职业素养的重要场所，一般为真实或仿真度较高的生产车间或场所，配备有一系列可供学生操作的设备和仪器。调查发现，应用型高校的校内就业前实践的专门基地较少，一所高校通常不超过 5 个。这是因为就业前实践的专门基地占地面积大，仪器配备数量多，很多基地必须装备一些完整的操作系统而非一两套仪器，需要投入大量的经费，一般的应用型高校很难有此财力。

应用型高校的校外就业前实践的专门基地较多，只要和企业建立合作关系，企业基本可以成为学生的就业前实践的专门基地，尽管一些企业只允许学生在企业的特定部门或车间实习。较之校内的就业前实践的专门基地，教师和学生在校外就业前实践的专门基地进行教学的交易费用很大。其原因在于，学生到企业实训的交通费、住宿费花销较大，学校和学生都不愿意承担这笔花销。因为，一则学生缴纳了学费，按规定已经缴纳了参加实训等人才培养的费用，不应该再缴纳其他费用；二则应用型高校的学费收入和办学经费本就紧张，整体生态不愿拿太多的钱支持学生到校外实训，况且高校的学费还被政府规制着。此外，高校和行业企业的沟通成本也不小，尤其是一旦学生出了安全问题，双方极容易出现"扯皮"现象。

二、实验室条件和运行维护缺乏资金

实验（试验）室，也称实验教学中心，是理工类学科培养人才的重要载体，也是应用型技术技能型人才培养的重要教学设备。实验室是应用型高校在校内培养人才的重要场所，其经费来源渠道一般为学校自筹、政府专项财政支持和企业募捐等。

应用型高校实验室的经费投入有限。受办学经费的限制，应用型高校很难自筹经费建设大型实验室。以重庆三峡学院为例，其计算机实验教学中心、三峡库区水环境演变与污染防治实验室的建设经费，很大部分源自"中央与地方

共建高校基础实验室项目"。

应用型高校实验室的数量少，条件一般，多数实验室处于基本可以支持人才培养的水平。应用型高校几乎没有国家级重点实验室，省级重点实验室数量一般不超过 5 个，实验室的条件还相对简陋。应用型高校实验室的运行和维护经费有限。实验室的运行和维护包括购置教学设施和实验教学软件，改造实验室环境，安排专门的管理人员。受经费限制，应用型高校很少更换教学设备和实验教学软件，很多实验室建成后几乎没有装修过。由于实验室管理人员没有编制、工资低、工作时间长（很多实验室是 24 小时开放），且要具备一定的专业知识（如化学实验室管理员行必须掌握一定的化学知识），学校很难招聘到好的实验室管理人员。为此，不少应用型高校只好安排教师轮流值班或者高年级学生轮流值日，维持实验室的运行。

三、实践教学设备购买困难

众所周知，大学的一些教学设备非常昂贵，一台仪器、一块材料、一些药剂的价格可能动辄上万。应用型高校经费有限，教育教学设备本就不足，雪上加霜的是，应用型高校深化产教融合培养实践型人力资源，需要购买大量生产一线的教学设备。实践型人力资源的培养需要让一批又一批的学生长期反复实践学习，校企合作不兴也反过来要求学校购买较多的实践教学设备，这两方面的现实加剧了应用型高校教学设备的紧缺。

《指导意见》建议，按照所服务行业先进技术水平，采取企业投资或捐赠、政府购买、学校自筹、融资等多种方式加快实验实训实习基地建设。捐赠说白了是希望应用型高校激发企业的善心去"空手套白狼"。企业是有善心，但是，企业更需要利益或好处，没有现实利益的激励，企业的善心相当有限，也无法持续。

第五章

产教融合背景下的人才培养模式

高水平教学是建设高水平高职院校的重要支撑和核心基础，是持续保证并不断提高教育质量立场的强基工程。高水平教学不仅要有高水平的育人理念、高水平的教育环境和教学条件、高水平的师资、高水平的专业和课程，还要有高水平的人才培养模式。在全面推进产教融合校企合作的背景下，探索人才培养模式，有利于深化高等职业教育改革、有利于探索应用型人才培养规律、有利于实现高职院校人才培养与企业需求的无缝对接。以产业学院建设为平台，推动学分制、"1＋X"证书、创新创业、现代学徒制等方面的改革，对提高人才培养水平、促进科技服务和成果转化、增强高校服务地方和产业的能力具有重要意义。

第一节　学分制改革

为贯彻党的十九大报告提出的构建职业教育体系、深化产教融合校企合作精神、落实《国务院办公厅关于深化产教融合的若干意见》文件要求，推进学校人才培养供给侧与产业需求侧紧密对接，指导职业院校深层次开展产教融合、校企合作工作，培养符合产业高质量发展和创新需求的高素质人才，教育部、工业和信息化部结合《国家产教融合建设试点实施方案》，于 2020 年出台《现代产业学院建设指南（试行）》，明确了产教融合型现代产业学院建设关键要素，提出要形成理念先进顺畅运行的管理体系、共建企业在区域产业链条中居主要地位、主要专业与区域产业发展高度契合、有丰富的教学资源的高水平教学团队。这是国家层面与时俱进、大力推进产业学院的指导文件，其指导思想进一步明确以立德树人为根本任务，发挥企业重要教育主体作用，面向产业需求完善人才培养协同机制，有效整合区域创新资源与校内教育资源，促使政校行企等多主体价值融合、功能互补、资源共享、协同创新，深化产教融合校企合作，实现教育链、创新链、产业链与人才链的深度衔接。

产业学院是以提升院校服务特定产业能力为目标，整合政府、高校、行业和企业资源，建立以应用型人才培养为主，兼有学生创业就业、技术创新、科技服务、继续教育等多功能、多主体深度融合的新型实体性办学机构。建设具有服务区域产业、汇聚各方资源、促进高等教育发展的产业学院。当前，我国经济已经步入"新常态"，经济转型升级和产业结构调整优化需要大量的高层次应用技术型人才。因此，政校行企共建产业学院培养产业人才，推进人才培养模式改革显得尤为必要。

一、高职院校人才培养模式改革

（一）人才培养模式改革背景

近年来，国家对新时期应用型人才培养提出了新要求，特别是对产教融合、校企合作工作提出了新目标、新任务，先后出台了系列深化产教融合的政策文件，这些政策的出台和推行，对产业学院等新型教育平台的建设发展起到了很好的促进作用。2017 年，党的十九大提出实施"产教融合、校企合作"，同年12 月，国务院办公厅印发《国务院办公厅关于深化产教融合的若干意见》，指出"鼓励企业依托或联合职业学校、高等学校设立产业学院"。产业学院建设成为促进产教融合的国家策略。为贯彻落实产教融合国家策略，推进现代产业学院建设工作，2020 年教育部办公厅、工业和信息化部办公厅下发了关于印发《现代产业学院建设指南的通知（试行）》，明确了现代产业学院建设要坚持育人为本，坚持产业为要，突出高校科技创新和人才集聚优势，强化"产学研用"体系化设计，增强服务产业发展的支撑作用，推动经济转型升级、培育经济发展新动能；坚持产教融合，将人才培养、教师专业化发展、实训实习实践、学生创新创业、企业服务科技创新功能有机结合，促进产教融合、科教融合，打造集"产、学、研、转、创、用"于一体的互补、互利、互动、多赢实体性人才培养创新平台。坚持创新发展，充分发挥高校与地方政府、行业协会、企业机构等双方或多方办学主体作用，加强区域产业、教育、科技资源的统筹和部门之间的协调，推进共同建设、共同管理、共享资源，探索"校企联合""校园联合"等多种合作办学模式，实现现代产业学院可持续、内涵式创新发展。

人才培养是高职院校的首要任务。教育部和财政部《关于实施中国特色高水平高职学校和专业建设计划的意见》（教职成〔2019〕5 号）提出，"吸引企业联合建设产业学院，推动专业建设与产业发展相适应，实质推进协同育人"，明确了产教融合建设途径和人才培养模式改革方向。《现代产业学院建设指南（试行）》指出，现代产业学院建设要以创新人才培养模式为首要任务，面向产业转型发展和区域经济社会需求，以强化学生职业胜任力和持续发展能力为目标，以提高学生实践和创新能力为重点，深化产教深度融合、校企合作，创新人才培养模式，调整人才培养方案、课程体系、方式方法、保障机制等；积极鼓励各专业打破常规，对课程体系进行大胆革新，探索构建符合人才培养定位的课程新体系和专业建设新标准；推进"引企入教"，推进启发式、探究式等教学方法改革和合作式、任务式、项目式、企业实操教学等培养模式综合改革，促进课程内容与技术发展衔接、教学过程与生产过程对接、人才培养与产业需求融合；协调推进多主体之间开放合作，整合多主体创新要素和资源，凝练产教深度融合、多方协同育人的应用型人才培养模式。

（二）人才培养模式改革实践

产业学院人才培养模式是以学校为主，按照参与市场竞争的企业形式组建具有产业功能和教学功能的现代企业，在真实企业环境中学校与企业、教师与师傅联手实施能力素质人才培养的模式。其主要内容如下：依据人才培养目标构建产业学院性质的企业学院与企业合作制订人才培养计划，与企业合作并为企业"真刀实枪"地服务是产业学院人才培养的特点，企业是评价考核实践教学成果的主体。近年来，加强产业学院建设，推动产业学院人才培养模式改革，成为高等教育特色发展的重要内容，成为提升教育教学质量的重要抓手，逐步形成高校与政府、高校与产业园区、高校与企业、高校与行业协会等多种产业学院建设的模式，彰显深度融合、功能复合、多元共建、贴近产业的产业学院建设的特点，体现现代产业学院人才培养模式改革的特色。

按照"将产业学院建在产业园区，将专业建在产业链上"的建设理念，一些高职院校联合政校行企等不同主体，多元协同，引入企业先进技术体系、先进生产设备、先进培训模式，共建"教学与生产相协同、学生与员工相统一、基地与车间相一致、教师与工程师相补充、技术与创新相融合"的实践平台，校企共同制订人才培养方案、共同开发课程标准、共同组建"双师型"团队、共同搭建实践教学平台、共同创办技术创新平台，以创立产业学院联盟、创办"产业链、创新链、教育链、人才链"四链衔接论坛、创设系列专项课题、创新校企激励措施、创建临时党支部的"五创并举"措施为抓手，大力推行各专业"两对接两访问三落实"（各专业的专业标准对接行业标准、"1+X"证书标准、课程标准对接企业岗位标准，全方位访问产业园企业及校友，落实对接企业、项目及"双师型"团队），通过学分制和现代学徒制"两制"改革，强化学生综合素质、创新创业、专业技能"三育"，建设多元评价体系的"两制三育体系"，推动学生技术技能、技术创新和技术管理水平的不断提升，形成"四元协同、五创并举的'1+X'育训结合"人才培养模式。

高职院校按照政校行企的多跨度合作模式，与开发区多个高新技术企业共同建设产教融合基地，形成统一规划、资源共享、优势互补、合理布局、和谐发展的可持续体系；面向产业转型发展和区域经济社会需求，以强化学生多元素质、专业技能、创新创业能力培养为目标，以提高学生创新创业实践能力为重点，深化产教深度融合，改革人才培养方案，重构课程体系，完善保障机制；"引企入教"，推动启发式、探究式等教学方法与项目式、任务式、合作式、企业实操等教学模式的融合，促进人才培养与产业需求相融合、教学过程与生产过程相对接、课程内容与技术发展相衔接；以"信息技术、'人工智能+'"升级传统专业，强化智能化、数字化企业管理技能和项目实战流程，提高学生实战技能；开展"赛学研培创"现代学徒制人才培养活动，整合多主体创新要素和资源，深化产教融合，推动学分制、"1+X"证书制度、创新创业、现代学徒制人才培养改革。

二、学分制改革

学分制是选课制、导师制和弹性学制相结合的教学管理制度。学分制改革是人才培养机制改革的重要组成部分。学分制能充分发挥学生的主观能动性，激发学生学习兴趣，体现"因材施教"和"以人为本"教育思想，是公认的较好的教学管理制度，目前学分制在我国高校已经得到了广泛运用。追根究源，学分制起源于选课制，18世纪末的美国哈佛大学校长查尔斯·埃里奥提出让学生"学习自由"，即让学生拥有"选择学习的自由，在学业上追求卓越的机会，对自己行为习惯负责地训练"。试图通过选课制，给予学生学习的自由。选课制一方面通过开设高阶段、跨学科、跨专业的课程供学生选修，实现学生素质能力水平的提升，知识面的拓展，促进学生全面成长；另一方面学生通过自主选课，学会思考和建构自己感兴趣的知识体系和能力素质，提早学会对自己的行为负责，增强自主意识。选课制打破了学年制的边界和束缚，随着选课制的出现，学分制逐渐产生并得到认可和推广。

（一）国外学分制改革概况

美国是最早提出学分制教学管理思想的国家之一，学分制的大力实施，对美国高等教育开放式教育体制和大众化教育机制起到了关键的促进作用。美国的学分制特点主要体现在以下几方面。第一，弹性学制。美国高校学生自主性很强，可根据学位要求自行选择全日制学习和部分制学习，达到学分要求即可顺利毕业。第二，主辅修制或者双主修制。为了满足学生个性化的学习需求，美国部分高校实行了主辅修制或者双主修制，使学生可在学有余力之时跨学科进行课程学习。第三，选择专业自由度高。美国高校学生允许自由选择专业，选择专业范围可在本校也可在校外的其他高校，一般采用学分互认的办法来管理转专业学生。第四，通识教育占有重要位置。美国高校非常重视通识教育，各类专业都有共同的基础课，有些高校的基础课甚至达到50%。第五，学生选课自由度的空间很大，如麻省理工学院，学生自由选课的余地达到80%左右，此外还允许跨系别修习必修课，促进学科间的联系与交叉渗透，既注重学生的基础知识，又不断拓宽学生的知识面，培养学生的兴趣爱好，促进其全面发展。第六，统一课程学分。美国大部分高校统一了课程学时、学分，如美国高校规定，学生须修完120~180学分方可毕业，每学分的课时至少达到16学时/学分。

日本学分制是在美国学分制优点的基础上进行改革，为了确保学生能够学到扎实的基础知识，日本高校普遍实行学年学分制，其学分制系统细致、张弛有度，确保学生能在规定的时间内获得相应知识。具体体现在以下几方面。第一，统一规定了学习年限及学分要求。日本高校对学生的修业年限、学分要求、毕业标准和升级条件等均做了详细要求，学生只有达到规定的学习期限和学分才能拿到毕业文凭。第二，统一规定学分标准。日本高校对学分管理较严格，制定了《大学设置基准》，规定学生的学分要求，并规定了相应的学期和周数，学分的计算标准也统一。第三，注重外语学习。为了实现振兴科技、与世界接轨，适应国际化的社会需求，日本高校对外语的学习尤其注重，一般将英语作为必修的外语学科，另外学生还可以自选一门外语修习。第四，实行"学分互换制"。即多家高校进行合作协定，互相承认对方高校中所修的学分，学生在国内各大高校，甚至是在国外学校进行学习和研究均能得到认可，这一方面使学生在学习实践和空间上都有很大的自主性，另一方面促进了各高校之间的学习交流。这种方式不仅有效提高了学校的教学质量，也让学生吸收了不同层次、不同类型的知识，使学生获得全面提高。

德国引入和推行"欧洲学分积累和转换体系"，将课程模块化，即将某个专业的所有教学内容按照一定的体系和架构分为不同的模块，每个模块的学习时间一般不超过两个学期，而且至少要通过一门考试或取得对应的成绩证明才能得到这一模块的学分。德国推行的欧洲学分转移和累积系统（ECTS）体系有助于简化各高校的管理程序，提高学生的流动性。据统计，德国每年有一半以上的大学生就读期间以交换学习、实习、读语言班等形式在国外学习过至少一个学期，ECTS 方便透明的学分转换功能保证了学生在其他学校或其他国家取得的学分都能够得到认可，大大提高了学生参与交流项目的积极性。学分制的实施有助于学生更好地规划和完成学业，帮助学生缩短学习时间，降低中途退学率。由于 ECTS 的计算方法全面考虑了学生取得学分需要花费的时间和精力，使学习从以"教师为中心"转向"以学生为中心"，让学生可以更加合理、有计划地规划自己的学习，缓解了学生对考试的恐惧心理，也改变了由期末考试等大考来决定毕业总成绩的状况，从而提高了学习的整体效率。ECTS 使学生的流动性大大增加，其教学计划、教学过程和教学管理更加灵活，让学生在学习上拥有更多的自主权和选择权，允许学生根据个人需要和社会需求来构建合理的知识结构，对提升德国高等教育的竞争力有着积极的意义。

国外学分制改革的启示。第一，当今社会是竞争的社会，学校要培养出具有社会竞争力的学生，必然要结合社会实际，重视学生的全面发展，促进学生自主学习。学分制的实施充分体现了其因材施教、灵活性强的特点，学生可以根据自己的能力自主选择教师、课程、学习时间和学习进程，优秀的学生可以提前修完学分，参加社会实践，这一过程使学生的自主、竞争和参与意识得到极大的培养，从而推动人才培养质量的提高。第二，学分制的实施同样重视学生基础知识与素质的培养，加强专业知识迁移与转换，达到全面发展的培养目标。第三，学分制的实施在加强基础课程学习的基础上，加大选修课程的种类及比例，给学生足够的自由选择空间，允许学生跨专业进行选修。有条件的学校还实行辅修制，在学生学有余力的情况下实行辅修，发掘学生个性和特长，实现对学校教学资源的充分有效利用。第四，高校之间因独立性较强，校与校之间、学生与学生之间的沟通交流较少，学分制的实施可以促进各高校间的合作与联系，制定出学生在不同高职院校之间的学分"互换""转移""认定"等制度，既有利于学生的交流发展，也有利于学校之间互助发展。第五，学分制实施中要注重终结性评价与过程性评价的结合，学分的取得不仅是期末考试的终结性评价，而是平时的表现等过程性评价与终结性评价的结合。学分制是设计更为灵活的考试制度，能提高学生的学习效果。

（二）国内学分制改革状况

我国最早引进学分制思想的是蔡元培先生，他出任北京大学校长时，在各高校中大力提倡以选课制代替学年制，这就是我国早期学分制的雏形。中华人民共和国成立后，高等院校普遍采用学年制代替了学分制，直到 1978 年，教育部提出有条件的学校可以试行学分制，学分制再次登上舞台。进入 21 世纪，学分制越来越受到国家重视。2001 年，教育部办公厅在《关于在职业学校进行学分制试点工作的意见》中强调了职业学校进行学分制试点的必要性，对学分的认定和取得标准进行了明确规定，即一般课程以 16～18 学时为 1 学分，实践课程以 1 周为 1 学分。2004 年《教育部关于在职业学校逐步推进学分制的若干意见》指出，逐步推进学分制，建立与实行学分制相适应的职业教育课程体系，进一步建立和完善学分互认机制。2006 年，国家发展和改革委员会在《关于进一步加强高等学校学分制改革管理的通知》中对高等学校实行学分制收费的程序报批、收费总额上限和监督检查等内容进行了规定。《国家中长期教育改革和发展规划纲要（2010—2020 年）》明确指出，要注重因材施教，要"关注每一个学生的优势潜能，推出分层教学、走班制、学分制、导师制等教学管理制度改革"。2016 年，教育部在《学分认定和转换工作的意见》中规定："试行各类高等学校（普通本科院校、高职院校与成人高校）之间学分转换，畅通不同类型学历教育、学历教育与非学历教育、校内教育与校外教育之间转换通道，建立具有中国特色的学习成果认定和转换体系。"教育部印发《高等职业教育创新发展行动计划（2015—2018 年）》提出"高职院校要逐步实行学分制，推进与学分制相配套的课程开发和教学管理制度改革，建立以学分为基本单位的学习成果认定积累制度"。2019 年，《国务院关于印发国家职业教育改革实施方案的通知》提出"从 2019 年开始，探索建立职业教育个人学习账号，实现学习成果可追溯、可查询、可转换"。2020 年，教育部职成司在《关于做好职业教育国家学分银行建设相关工作的通知》中指出，"建立符合中国国情的职业教育国家学分银行，结合'1+X'证书制度试点工作，有序开展学历证书和职业技能等级证书所体现的学习成果的认定、积累和转换"。这些文件的出台，为学分制改革提供了政策保障，确保学分制改革有效推进。

国内各高校主动积极探索学分制改革，取得初步改革成效，学分制改革呈现赋予学生更多自主权、实行弹性修业年限、鼓励多途径获得学分、实行学业导师制度、实行学分制收费等特点。但在实际改革过程中由于涉及课程、师资及设施设备等诸多问题，导致改革难度大、推进慢。目前在国内高职院校对学分制仍处于探索和试点阶段，对学分制的开展也没有统一的标准，大多数高校根据本校实际情况，设置不同的选课规定、培养方案、学分计算、毕业条件等，形成了不同的学分制改革模式。有的朝完全学分制方向发展，有的开展学年学分制，有的基于弹性学分制进行改革，有的进行学分置换与互认，有的开展主修辅修，有的实行导师制，等等。学分制的实施需要学校建立深厚强大的资源基础，管理成本，难度增大，同时也对学生素质提出了更高的要求，这些都给学分制的实施带来了困难。

（三）产业学院背景下的学分制改革探索

要培养具有创新创业能力的高质量人才，要为学生创造一个宽松自由的学习环境，改革人才培养方案，给予学生更多自主选择课程的机会，充分发挥学生探索新学科、新知识、新科技成果的主观能动性，不断优化自身专业知识结构。学分制体系下自由的学习环境有利于学生发挥个人潜力，促进学生的个性化发展，为学生创新能力的培养奠定基础。在现代产业学院的建设背景下，一些职业院校精准对接经济社会发展需求，建设了"政校行企"四元主体的产业学院，打造"五创并举，突出创新能力的'1＋X'育训结合"的人才培养模式，以学生的个性化学习需求和国家对创新人才需求引导学分制综合改革。

学分制改革以制度创新为驱动，以全面提高人才培养创新创业能力为目标，尊重学生的兴趣爱好，促进教师指导能力和学生自主学习能力的提高，通过开展弹性学制，改革人才培养方案，实施导师管理制，进行灵活的转专业、选重修制，开展学分互换，建设大量的校企合作课程，改革教学模式，提供足够的创新创业实践训练，最大限度保障学生的个性化发展，提高人才培养质量。

1. 学分制改革的具体举措

（1）实行动态弹性学分制

以建设开发区科学城产业学院为契机，不断开展学分制改革创新探索，与时俱进地实施动态弹性学分制，修订了学分制实施细则，目前采取的最长修业年限为 6 年，为个性化培养奠定了坚实的制度基础。此外，为满足学生创新创业的需求，学院规定学生在校期间可申请休学进行创新创业，在修业年限之内，学生可随时进行创业，也可以随时返回学校进行学习，修够规定的学分即可毕业。

（2）深化人才培养方案改革，夯实学分制基础

学分制改革的核心是给予学生更多自主选择和自由发挥的空间，通过修订人才培养方案，有效解决"难以让学生有充分的时间做自我学习和自我发展"的问题。以产业学院建设为契机，对各学分制试点专业人才培养方案做了相应调整，一方面合理调整选修课学分比例，选修课比例高于所占总学分分数的20%；另一方面调整实践教学，使实践教学普遍超过总学时的 50%，现代学徒制试点专业实践学时超过 60%。让学生有充分的时间进行自主学习和实现自我发展，鼓励学生把更多的时间用于创新实践，获得创新创业实践学分。

（3）建立导师管理机制，加强学习过程管理

各专业建立导师管理制度，由专任教师组成导师队伍，指导学生完成在校期间的课程学习，规避未知风险，从而提高人才培养质量。同时，导师按学生

考勤、课堂作业、日常表现等记录学生学习过程成绩,强化学生自主学习意识,提高学生自主学习能力。建立学业预警机制,由教务处、二级学院、导师组成预警信息小组,加强对学生预警的提醒,提升学生学习质量。

(4)实行开放的转专业及辅选重修制度

充分尊重学生的兴趣和特长,给学生提供更多的自主学习选择权。学生进校一学期后可根据自身情况,按照学校要求提出转专业申请;学校每学期开设"人文与素养""科学与技术""社会与经济""艺术与审美""运动与健康"五大类 100 余门通识教育公共选修课,供学生进行选修,促进学生个性化成长;鼓励学生开展"1+X"证书试点学习,辅修多个证书课程,置换其他课程;支持学生自主学习,对已修读过的课程,只需随班修读 1/3 的课程,其余采用自学完成,减轻学生学习时间上的压力。

(5)以生为本,建立学分互换认定管理制度

制定了《学分制管理办法》《学分互换认定管理办法》,在全校全面推进学分认定与互换、学分绩点改革,学生通过选修相关课程、开展技能竞赛、社会实践、职业技能证书、"1+X"证书等取得的成绩可以认定转换为相应学分。同时,以高职扩招退役军人班、现代学徒制班为试点,探索并实施了校企课程学分互认、成果学分互认等试点,学生在合作企业中所修的课程,在一定范围内学分可以互换、成绩可以互认。这项制度扩大了学生选课的自主权,有利于培养学生的技术创新能力。

(6)建立个性化校企合作课程

利用产业学院丰富的产教融合基地,各专业开发了大量的校企合作课程,学生根据自己的专业兴趣和专业特长进行个性化的课程选课。部分理论课和实践能力培养类课程可以互认;学生根据自己的意愿,还可以进入校企合作实践基地修读相关课程,获取相应学分,也可以根据自己的学习能力和时间安排,提前修读专业课程。

(7)为学生提供线上线下学习课程

为顺应"互联网+"的时代要求和职业教育发展趋势,在选修课中积极推行使用在线开放课程学习,为学生提供更多的学习形式。校企合作共建一批精品在线开放课程,既考虑学校各类精品课程、全校通识课程、专业基础课程及资源积累丰富的优质课程,也关注到体现学科优势、适合在线教学的课程,并

在 MOOC、超星等平台提供线上学生选修；同时，加大对外部优质在线教学资源的引入，积极引入"超星尔雅"公共课平台，包含国家精品在线开放课程等资源，使学生享受优质教学资源，也为教师教学方法的创新提供了示范引领作用。通过课程学习，可以增加学生知识和技能，提高人才培养质量。

（8）设置创新创业实践学分

加快创新创业教育与专业教育的深度融合，努力提升创新创业教育水平。完善创新创业实践学分管理，在培养方案中设置创新创业实践学分，鼓励学生积极开展创新创业实践。学生参加的创新创业大赛、获得专利或软件著作权、发表学术论文、参与教科研项目、参与创新创业训练计划项目等，均能获得相关的创新创业实践学分，并可在一定范围内进行学分互换。该举措极大地调动了学生参与创新创业活动的主动性和积极性，每年学生的省、市、校级创新创业比赛及项目参与率达 90%以上，培育了更多具有创新意识及创业能力的人才。

2. 学分制实施的保障举措

（1）资源保障

学分制的顺利实施必须依靠丰富的教学资源，产业学院建设了大量的产教融合基地、创新工作室和协同创新中心，校企合作试点专业开发了大量的校企合作课程。同时，学校建设了一批精品在线开放课程与精品资源共享课程资源，引入"超星尔雅"公共课平台，包含国家精品在线开放课程等优质教学资源，为学生选修奠定了坚实的基础。学生可以根据自己的专业兴趣和专业特长进行个性化的课程选课。

（2）管理保障

在教学管理中，对人才培养方案、课程结构进行了重新设计，给学生更多选择和自由发挥的空间，制定和完善《学分制管理办法》《学生转专业管理办法》《学分互换认定管理办法》《重修管理办法》等制度，加强了对学分制实施的管理；对现有的教学管理平台进行升级改造，以适应学分制改革条件下的教学管理、成绩管理和学分互换等；建立学分制教育成本分担机制，促进复合型人才培养。

（3）实践保障

产业学院中企业真实的项目、各级各类创新创业大赛和技能大赛、教科研项目等均为学生的实践参与提供了大量的机会，在培养方案中设置创新创业实践学分，鼓励并组织学生积极开展企业真实项目、创新创业实践、创新创业大赛、技能大赛、发表学术论文、获得专利或软件著作权、参与教科研项目、参与创新创业训练计划项目等，获得的奖励均可进行学分互换，为学生的创新创业实践提供有力的保障。

（4）质量保障

建立产教融合的质量保障体系，注重课程教学资源的建设，重视学生学习效果的反馈，加强对学生学习质量的监控，及时反馈学生的学习状况，鼓励教师设计更为灵活的考试制度。学分的取得不仅是期末考试的终结性评价，还是学生平时的表现、技能竞赛、参与实践等过程性评价的反映。

第二节　"1+X"证书试点

2019 年，国务院出台《国家职业教育改革实施方案》，提出在职业院校、应用型本科高校实施"学历证书＋多种职业技能等级证书"（"1+X"证书）制度，积极鼓励职业院校学生不仅要获得学历证书，还要努力争取多种类职业技能等级证书；同年，教育部、发展和改革委员会、财政部、市场监管总局联合出台了《关于在院校实施"学历证书＋若干职业技能等级证书"制度试点方案》，标志着"1+X"证书试点正式实施。2019 年和 2020 年，教育部先后公布了 4 批"1+X"证书制度试点院校及职业技能等级证书试点名单，标志着"1+X"证书试点进入了加速实施阶段。

国务院将"1+X"证书制度定位于国家职业教育制度建设中的一项基本制度，是构建中国特色职教发展模式的一项制度创新。它与人力资源部门设置的职业资格或等级证书不同，是教育系统内部对职业教育与培训体系的完善，促进了职业院校推行学历教育与培训并举，促进了人才培养模式和评价改革的深化，也对专业人才培养的制订方案和内涵提出了新要求。"1"指的是学历证书，是学习者完成国家学制系统内规定的学习任务后所获得的学历证；"X"为若干职业技能等级证书。"1+X"证书制度要求学生在获得学历证书的同时，取得多种职业技能等级证书。学历证书和职业技能等级证书不是两个并行的证书体系，而是两种证书的相互衔接和相互融通。职业技能证书是学生职业技能水平的凭证，也是对学生职业技能学习成果的认定。证书既体现岗位（群）能力要求，又反映职业活动和个人职业发展所需要的综合职业能力。"1+X"证书制度实质上是为了改革职业教育与培训体系，完善国家职业资格证书制度，促进校企合作、产教融合的一项举措，鼓励职业院校学生在取得学历证书的同时，积极考取各类职业技能等级证书，从而提高学生的就业竞争力，缓解就业压力。

"1"和"X"衔接互通的意义并不只是证书本身，更重要的是转变人才培养质量评价方法，深化职业教育的教学模式改革；特别是要把"1+X"证书制度和专业建设、课程建设、教师队伍建设紧密结合，促进产教融合、校企合作理念下的人才培养。坚持育训结合、内外结合、长短结合，促进毕业证书与职业技能等级证书的融通，以人才评价模式改革带动职业教育质量提升。要准确把握人才培养关键要素和主要环节，需把"1+X"证书制度落实到深化教师、教材、教法的"三教"改革上，进而改进学习过程的管理与评价。

一、国外职业资格证书制度

在全球产业飞速发展的背景下，职业教育的发展与国家的经济紧密相连。在历史发展进程中，职业教育较发达的德国、英国、澳大利亚、美国等国家逐渐建立了较为完善的国家职业资格证书框架、制度和证书体系，并在国家层面统一认证标准，便于各类（包括学徒制在内）学生的升学及管理。例如，英国建立了职业资格证书制度，按照国家职业标准分为八个等级，学生通过考核即可获得相应的资格证书。澳大利亚建立了学历资格框架，融通了普通教育与职业教育，职业教育的学生取得相应的资格证书后可以升入普通大学继续就读，普通教育的学生通过资格框架考试后也可以进入职业教育开展系统学习。职业资格证书制度和资格框架设计，使澳大利亚的学生可以实现教育形式的灵活转换，达到升学目标。美国学生在中学毕业后可进入社区学院学习，社区学院可同时提供普通大学的前两年课程教学和职业技术课程及证书，学生通过学习获得相应学分后，可通过学分互认直接升入承认该学分的本科院校，转换灵活，升学方便。德国强调职业教育学历证书与多类职业技能证书并重，重视立法，制定的《职业教育法》《职业教育条例》《培训条例》《考试条例》与各州制定的《框架教学计划》《培训框架计划》等相互衔接，形成完备丰富的职业资格法律制度体系；强调社会工作的互相协调，从政策拟订到具体施行均有雇主企业、学员和政府的协同参与，使工作过程中的实际能力需求直接体现到教育培训课程和职业资格考核中去，保障教育培训和职业资格证书的紧密联系；严格的质量管理控制体系，德国政府发布 300 多个具体的职业标准，强制规定职业资格证书是走上工作岗位的必备条件之一，获得职业资格证书前必须参加该行业组织的相关培训和考核，切实保障了国家职业资格证书的权威性、科学性及可靠性，从而提高了职业资格证书的社会认可度。

国外职业资格证书制度对我国的启示。

第一，学历教育、专业教育与职业资格证书的衔接是必然趋势，有利于专业教育依据行业准入标准对其课程设置教学方式等进行改革与完善，促进人才培养质量的提高。

第二，职业资格证书与学历教育的衔接须加强顶层设计，在政策上促进政府、行业、企业、高校的合作，提升职业资格证书的社会认可度和含金量，推动职业资格考试的可持续发展。

第三，实行学分互换是在专业领域内实现学历教育与职业资格证书衔接的重要方式，对学生职业资格学习成果予以认可，能有效调动学生的积极性，促进职业教育规范化与可持续化发展，提高职业教育质量。

二、国内实施"1＋X"证书试点状况及成效

2019 年《国家职业教育改革实施方案》明确提出，职业院校、应用型本科高校启动"学历证书＋若干职业技能等级证书"的制度试点，鼓励职业院校学生在获得学历证书的同时，积极取得多类职业技能等级证书。

自"1＋X"证书试点方案公布以来，教育部发布了 4 批职业技能等级证书，共计 472 个，快速回应了《国家职业教育改革实施方案》的要求。随着人们对"1＋X"证书制度认识程度的加深，证书的类型及试点数量也将会越来越多。同时，"1＋X"证书制度在受到职业院校和行业企业广泛关注的同时，也出现了如下一些问题。

（一）师生对"1＋X"证书认识不准

"1＋X"证书一般是指"学历证书＋若干职业技能等级证书"。大家对学历

证书的理解没有异议，均指毕业证书，但对职业技能等级证书的理解却没有清晰而权威的界定。"1+X"证书与已存在多年的职业资格证书，特别是水平评价类的职业资格证书非常相似，难以分辨清楚二者的区别，被误认为是在原来"双证书"教学、考证基础上，再新增若干证书内容的教学和考证，职业技能等级证书与职业资格证书混用、并用现象较为普遍。

（二）社会对"1+X"证书制度认可度不高

一直以来社会对职业院校存在认知误区，总认为职业院校培养的是技术型、技能型人才，"1+X"证书对学生个体发展的重要性不强，"1+X"证书制度能否得到大众认可还有待时间检验，"1+X"证书能否成为学生高品质就业"敲门砖"的前景不够明朗，"1+X"证书制度得不到大众的认可，实施起来较难推进。

（三）院校对实施"1+X"证书制度动力不足

职业院校在教育教学实施中，多数未能意识到"1+X"证书制度的意义价值和路径，实施成效不佳。部分职业院校虽然实施了"1+X"证书制度，但由于校企合作力度不大、"双师型"教师缺乏也影响到"1+X"证书制度在职业院校中的落实。

三、现代产业学院建设中"1+X"证书制度的实践探索

实施"1+X"证书制度，要以校企合作为契合点，推进产教融合、工学结合教育的实施。一些职业院校以产业学院建设为依托，按照政校行企的多跨度合作模式，引入企业进行技术平台支撑，与开发区多个高新技术企业共同开展产教融合改革实践，构建校企合作长效机制，以"1+X"证书制度实施为导向，深化专业群及课程体系建设，推动学院与社会企业实效性合作，为学生等级证书的获取提供广阔的平台；与企业建立良好的合作关系，根据市场发展趋势，校企共建人才培养方案，推进"1+X"证书制度的实施与运用，达到良好的培养成效；深化"三教"改革，提高专业适应经济社会发展需求的能力；结合职业技能标准和教学标准，不断创新教学方式，构建课证融通的课程教学形态；建立与"1+X"证书制度相适应的学分制改革、成效反馈和评价机制；加大宣传力度，普及"1+X"证书制度的重要性，提升社会认识，转变大众看法，推

动"1+X"证书制度落实，提升人才培养质量。

（一）深化专业群及课程体系建设，为"1+X"证书制度打好基础

开展"1+X"证书制度试点，要建好专业群，专业群的组建不仅是知识逻辑，更是产业逻辑、岗位逻辑，其中的"X"职业技能证书不仅指向知识素养技能，更指向特定产业和职业岗位，只有将知识、产业、岗位有机结合，才能真正与"X"职业技能证书相衔接。"1+X"证书制度试点显示了高职人才培养目标由过去的技术技能型人才向复合型技术人才转变，这就要求其专业群要与产业集群或产业链对接，专业群内的专业要与具体的职业岗位对接，且这一岗位在区域内要隶属于支柱产业、新兴产业或高新技术产业；专业群教学标准与"X"职业技能证书教学标准对接，这里的专业群教学标准并非群内专业教学标准的简单组合，而是根据专业群教学目标，在群内各专业教学标准的基础上结合职业技能证书教学标准后重新制定的教学标准，以确保专业群教学标准与"X"职业技能证书教学标准的有机融合。

打破以专业为单位的课程壁垒，构建以专业群为单位的课程体系。遵循"底层共享、中层分立、高层互选"的构建原则，形成拓展能力进阶式课程架构。"底层课程共享"即将公共基础课程和专业群平台课程纳入底层课程，增加专业群平台课数量；"中层课程分立"即精选专业群内各专业的核心课程，尽可能减少专业核心课程的数量，如将办公自动化、数据库应用等课程纳入底层的平台课中，减少专业核心课程数量；"高层课程互选"即扩大专业群的专业方向拓展课程数量，形成丰富的拓展课程资源供学生选修。根据"1+X"证书制度试点要求，为每个专业群选择好若干职业技能等级证书，将职业技能标准与专业群内相应课程教学标准紧密融合，利用专业群内的拓展课程资源，将职业技能证书标准与课程内容基本重合，设计为"课证融通"课程，使课程内容与证书教学内容有机衔接，形成专业群"课证融通"系统。

（二）"1+X"证书制度与人才培养方案相融合

专业人才培养方案是教学实施的指导性文件，学校是"1+X"证书制度的实施主体，在制订人才培养方案时，要与企业紧密合作，深入研究职业技能证书标准与专业标准之间的联系，推进"1"和"X"的有机衔接，将证书教学内

容及要求有机融入专业人才培养方案，统筹学历证书与职业技能等级证书、职业技能等级标准与专业教学标准、培训内容与专业教学内容、技能考核与课程考试，及时将新技术、新工艺、新规划、新要求融入专业人才培养，将证书内涵融入相关课程和教学环节，使专业人才培养工作主动适应发展新趋势和就业市场新需求，促进毕业证书与技能等级证书对接、融合，实现产教融合理念下的人才培养。

（三）"1+X"证书制度与"三教"改革相融合

深化"三教"改革，提高专业适应经济社会发展需求的能力，将"1+X"证书制度的实施与课程、教材建设相融合，及时将企业新技术、新工艺、新规划、新要求融入课程改革，以企业为中心，参考企业的生产流程、标准、工艺等，实现教学内容的创新，将产业发展的实践案例融入教材，实现教学内容的延伸与拓展，让学生能够学习、了解企业的发展实际，为专业技能等级证书的获取提供学习保障。根据岗位工作要求，推进岗位知识内容与专业知识内容融合，采取有效的教学方法，将岗位重要知识内容传递给学生，提升学生的学习积极性，促进学生对教材及岗位知识内容的认知与掌握，推动课程及教材建设适应发展新趋势和就业市场新需求。建立与"1+X"证书制度相适应的专业教学团队、提升教师开展职业技能等级证书培训的能力。编制"1+X"证书制度下的专业教学标准，将职业技能等级标准、教材和学习资源开发、考核发证交由第三方机构实施，有利于客观评价专业人才培养质量。

（四）构建课证融通的课程教学形态

"1+X"证书制度试点关键还是要落实到教学中，由于"X"证书制度是一种标准体系，不同于日常的知识技能体系，如果采用传统的密集训练、刷题等方式帮助学生快速熟悉考试内容进而通过考试，就会背离"1+X"证书制度试点的初衷。"1+X"证书制度试点应在既有教学内容的基础上，将"X"职业技能标准和教学标准相结合，不断创新教学模式，实现课证融通的教学形态。如将"X"职业技能证书教学与现代学徒制试点专业的教学改革相结合，进一步强化工作过程导向，以企业真实项目作为"X"职业技能证书教学的有效载体，将"X"职业技能证书的教学要求与企业的真实项目相融合，优化"双师"（学校教师与企业师傅）教学，实现"双师"共教共训模式，促进理实一体有机融合。将"X"职业技能证书的职业技能等级标准与教学标准融入课程教学中，融入教学改革过程中，促进教学质量的提高。

（五）建立与"1+X"证书制度相适应的学分制改革制度

"1+X"证书制度试点推动学校教育管理模式的变革，推进模块化教学学分制、弹性学制等教学管理制度的改革，促进学分互换的建设，实现学习成果的可追溯、可查询、可转换，规范有序开展学历证书和职业技能等级证书学习成果的认定、积累和转换，为技术技能人才持续成长拓宽通道。积极鼓励学生取得若干职业技能等级证书，支持其根据自身兴趣爱好，辅修其他职业技能等级证书，并根据证书等级和类别兑换部分课程学分，完成相应学分即可取得学历证书。落实职业技能等级证书按一定规则折算为学历教育相应学分，在培养方案中提供更多灵活性的安排，也让学生结合自身情况有更多的学习选择权。学分制改革有效调动了学生学习及报考职业等级证书的积极性，推进了"1+X"证书制度的有效实施。

（六）建立与"1+X"证书制度相适应的成效反馈与评价机制

建立"1+X"证书试点过程性的数据收集、分析、反馈机制。围绕教师与学生两个方面，从教材、教学实施、学习动力、学习状态、学习成效等方面收集数据，导入相应的分析软件进行比较，实现对"1+X"证书制度的不断优化，建立纵向对比、持续追踪和横向对照、全面评估的机制。建立学生档案，分析比较每个学生的纵向学习曲线变化，追踪每个学生的就业情况、职业生涯发展情况，并进行对比，判断X职业技能证书对学生发展的影响；通过开展问卷调查、访谈等，客观评价学生因"1+X"证书制度试点而产生的变化。

第三节　创新创业

党的十八大以来，党和国家高度重视高校创新创业工作，国务院先后颁发《关于大力推进大众创业、万众创新若干政策措施的意见》《关于深化高等学校创新创业教育改革的实施意见》《关于建设大众创业万众创新示范基地的实施意见》等一系列文件。全社会掀起"双创"热潮,"双创"理念日益深入人心。业界学界纷纷响应,各种新产业新模式、新业态不断涌现,有效激发了社会活力,释放了巨大的创造力。近年来,各高职院校的"双创"教育取得了积极进展,各高校成立创新创业学院（中心）、搭建创新创业平台、开设创新创业课程、孵化创新创业项目、弘扬创新创业文化、开展创新创业大赛,积极创建独特的大学生创新创业教育体系,培养学生的创新创业意识和实践能力,促进学生全面发展。

一、国内外创新创业状况

（一）国外创新创业状况

1. 美国斯坦福大学"硅谷"模式

斯坦福大学走创业型大学之路的成功实践已经成为国外大学转向创业型大学的典范。自 20 世纪 30 年代以来,斯坦福大学积极与企业开展合作寻求研究资助,1951 年,斯坦福大学工业园区建成（又称为斯坦福研究园,后成为硅谷的发源地）,标志着斯坦福大学迈上创业型大学的发展之路。随着斯坦福研究园的成立,斯坦福大学与工业企业的联系日益紧密,斯坦福大学研究园的创建进一步促进了斯坦福大学创业教育的发展。1970 年,其设立的技术许可办公室实现了学术研究成果的商业化推广,成为全美高校的技术转移典范。20 世纪 90年代,斯坦福大学与硅谷合作,培养了众多高科技产品的领导者和创业人才,创造了"硅谷奇迹",在短短的 20 年内迅速成为美国十佳大学之一。斯坦福大学创业型大学发展的主要特色是围绕创业型人才培养目标,形成了以创业课程、技术转移和创业网络为核心的创业保障体系。

2. 德国慕尼黑工业大学"'管理＋'培养计划"模式

德国慕尼黑工业大学被公认是研究型大学向创业型大学转型的成功典范,并发展成为欧洲标杆性的创业型大学。德国慕尼黑工业大学创业中心"管理＋"培养计划是其创新创业教育生态体系的重要组成部分,它将行动学习和实践教育贯穿全程,将职业教育与创业教育有机融合,注重发挥创业教练和实践导师的指导作用,充分挖掘学生的自我教育潜能,突出精英教育和精准培育,在实践中产生了很好的效果。德国政府非常重视大学生创新创业生态环境建设，从立法的高度推进大学生创新创业生态环境建设。例如，德国各级政府和各类部门均设有负责为大学生创业提供项目咨询、创业培训、新技术项目建设等服务和为中小企业提供企业注册、生存保护等事务管理的专门机构，学校主要从教育角度全面加强和构建学校内外的创新创业生态环境建设。企业应增强对大学生培养的社会责任感，积极参与大学生的"双元制"培养。大学生个体应积极融入国内的创新创业生态环境，不断调整自我的创新创业发展策略。

3. 英国华威大学"产教融合机制模型"模式

英国华威大学是全球百强名校、英国顶尖研究型与创业型大学，也是英国首批将商业运作模式引入高等教育的大学之一。华威大学制造工程学院已经是欧洲最大规模的制造工程教学、科研、工业发展及顾问中心，是英国著名的科技与创新中心，是世界水平的科研领导机构之一。华威大学将产教融合作为关键驱动因素，从而构建"产教融合意识培育""产教融合实践探索""产教融合能力提升"和"产教融合环境营造"的高校产教融合机制模型。华威大学制造工程学院始终立足于市场需求、与行业企业紧密结合，并获得了政府部门的支持，将所有资源整合起来，确保项目最终的成功。华威大学制造工程学院目前被认为是全世界数一数二的大学与产业紧密结合的工程制造中心，与劳斯莱斯、宝马及路虎等很多知名企业有着良好的合作关系，被欧美一些媒体报道评价为教育与产业结合的楷模。

4. 韩国

韩国政府极力倡导"技术革新""科学立国""BK21 工程"战略的实施，韩国高校创业教育的发展正是基于此，至今已形成较为完善的体系结构。韩国创业教育理念基于民族活力的认知视角，韩国政府将创业教育作为重要的国家战略来认识和执行，认为创业教育能够培养大学生勇于创新的精神。韩国政府号召各高校建立"创业支援中心"，对大学生优秀创业项目给予一定的经费支持。韩国大学生选择自主创业的比例高达 50%以上，而且韩国大学生创业成功率之高，在世界上也位居前列。韩国青年希望自己创业的比例远高于其他国家，这绝不仅是创业政策吸引的结果，其根本原因来自韩国创业教育对于国民创新精神的深刻影响。

（1）系统的课程内容

韩国的高等教育深受美国影响，大学生创业教育也是如此。韩国创业教育课程的重点围绕创业过程来安排，主要包括战略与商业机会、创业者、资源与商业计划、创业企业融资和快速成长 5 部分。各门课程均注重鼓励学生以全球市场竞争力为着眼点掌握创业知识与技能，学习分析和完善各种商业计划，使学生能够以更宽广的视角判断创业项目的可行性和发展路径。

（2）灵活的教学形式

韩国高校创新教育教学形式较为弹性化、个性化。除了通过正式课程即第一课堂培养学生的创业精神和创新技能外，非正式课程即第二课堂也发挥了很大作用，对大学生的影响广泛而深远。第二课堂主要通过商业计划大赛、个案研讨、报告讲座、市场调查、企业参访、实际体验等形式来实现，这些形式更为注重学生的感性体验。可以看出，韩国高校创业教育注重实践，能有效地开发和利用全社会资源。其创业教育体系中不仅包括创业课程的普遍开设，还包括学校与社会建立的广泛的外部联系网络，形成了学校、企业良性交互式发展的创业教育生态系统。

（3）国际化的师资队伍

韩国的创业教育课程主要由本校教师、企业资深人士和来自不同国家的访问学者三个群体共同承担。本校教师主要负责讲授创业理论课程，但要求教师具有在企业工作的经历。国内既有创业经验又有学术背景的资深人士兼任创业教育教学与研究工作。国外学者结合本国的商业实践和创业活动能够帮助高校学生开阔视野，使其在掌握创业理论的基础上了解不同国家的创业实践。多样化的师资力量既丰富了韩国高校创业教育的内容和形式，也确保了创业教育具有针对性和实效性。

（二）国内创新创业状况

1. 清华大学"三位一体、三创融合、开放共享"的创新创业教育模式

清华大学创新创业教育是我国研究型大学创新创业教育典型模式的代表之一，其"三位一体、三创融合、开放共享"的创新创业教育模式构建了完整的高校创新创业人才生态培养系统，是以提升学生综合素质为目标的教育。它利

用现有的资源与条件，重视实践性教学，将创新创业教育与专业教育相融合，建立跨院（系）、跨学科、跨专业多学科交叉的创新创业教育模式。清华大学将知识传授、能力培养和价值塑造相结合，打造创业者所需要的创新精神、团队精神、社会责任等价值观，形成了"三位一体"的人才培养思路。清华大学通过对创新创业教育平台和创新创业教育实践活动的全面设计，构建了全方位的创新创业教育生态系统，并且通过院（系）共建联合企业、投资机构、战略合作伙伴等形式，面向全校学生、校友与教师成立了横向联合机构"x-lab"三创教育平台，2015 年建成了全球最大的校园创客空间——"i.Center"清华创客空间。"i.Center"是服务于创新创业教育的跨学科创客实践平台，是集知识、能力、素质和创新实践为一体的工程训练平台，为学生提供项目指导、技术支持、政策咨询和资金等资源，又将学习训练的成果输出，转化为真实的创业项目，从而提高学生创业收益，提升创业信心。

2. 华南师范大学"分层次""一体化"模式

华南师范大学夯实"四个平台"，融入专业教育打造创新创业教育"升级版"。学校面向全体学生构建"分层次""一体化"的创新创业教育体系，将创新创业教育融入人才培养全过程；探索建立"为学生植入创业基因，服务经济转型升级"的创新创业教育理论和方法，重点夯实"创新平台、创业平台、教学平台和科研平台"四个平台建设，形成"创新学科化、创业整合化、政策系统化、服务社会化、价值市场化"创新创业教育生态系统，实现课程体系本地化、实践平台多样化、师资队伍专业化、人才培养个性化、价值体系社会化、学科发展国际化的"六个化"，实现创新创业教育与专业教育有机融合，走出一条行之有效且独具特色的"双师模式"创新创业教育发展之路。

3. 高职院校"青年创新创业人才培养计划"模式

广东轻工职业技术学院依托突出专业以及产学研优势，打造"创新创业人才培养和项目培育、科技成果孵化和转化、社会资源集聚和对接"三位一体的校级创新创业实践基地，建成大学生创新教育与创业训练中心。广东轻工职业技术学院与政府部门、社会组织和校友加强联系，为学生创业项目提供全方位孵化服务，帮助他们健康成长；利用行业协会资源，为实践平台提供技术支持，实现学生创业项目与政府资源的无缝对接，为实践平台提供师资保障和资金，为大学生创新创业提供全方位服务。

二、现代产业学院背景下创新创业育人模式实践

有的高职院校按照"将产业学院建在产业园区，将专业建在产业链上"的建设理念，积极融入开发区产业园区，开展产业学院建设。校企共同创建了"教学与生产相协同、学生与员工相统一、基地与车间相一致、教师与工程师相补充、技术与创新相融合"的实践平台，以政府创新创业政策为引领，以产教融合为契机，以行业企业为依托，以现代产业学院为载体，将创新创业素养教育与专业教育相融合，通过"政校行企"多方联动，聚集创新创业人才的各种要素与资源，协同共建校内外创客空间、创业空间、众创空间等大学生创新创业实践场所，着力打造产教融合的大学生创新创业平台，大学生创业公司以企业项目合作、专家指导、接收学生顶岗实习等方式反哺高职院校创新创业人才培养，形成良好的可持续发展的创新创业人才培养体系。加快推进创新创业孵化基地建设，探索与构建"校、企、孵"三融合、"实践、竞赛、孵化、创业"四贯通的创新创业与就业教育模式，不断促进人才培养质量的提升。

（一）构建创新创业人才培养生态体系

以现代产业学院为载体，明确"政校行企"多元协同在高职创新创业人才培养中的作用，政府是高职创新创业教育的推动者和引导者，高职院校是高职创新创业教育的主要承担者，行业是创新创业教育的重要实践平台，企业是创新创业活动的重要参与者，充分发挥政府、高校、行业、企业的各自优势，多元协同，聚集资源、形成合力，全力助推高职创新创业人才培养，为推动创新创业教育教学改革提供支撑，构建以现代产业学院为载体的创新创业人才培养生态体系。

1. 素质培养系统

由创新工作室、模拟公司、学生社团等组成大学生创新创业素质培养系统，通过组建创新创业师生工作室、模拟公司、学生创新创业社团等形式，对一、二年级的大学生进行创新精神、创业意识的培养，从而提高学生创新创业素质与综合素养。

2. 能力提升系统

由创客空间、研究所、工程中心、创业公司等组成大学生创新创业能力提升系统，通过考核、评定、竞赛等形式选拔具有发展前景的学生及项目进入创新创业基地，进行创新创业实战培训，通过项目实战、创业实践、模拟公司等活动的开展，促进大学生创新创业能力的提升。

3. 创新创业成果培育系统

由政府主导，校企共建众创空间、孵化器和加速器等大学生创新创业成果培育系统，依托政府政策支持与资金资助，利用创新创业成果培育系统，把具有发展前景的大学生团队与项目推向市场进行运作，促进大学生团队加速成长，培养一批真正能经得起市场考验的大学生创业企业。

4. 回馈反哺系统

由创业成功的校友企业组成回馈反哺系统，孵化与培育一批成功的具有影响力的大学生企业；大学生创业成功后，通过企业项目合作、专家指导、接收学生顶岗实习等方式反哺学校创新创业人才培养工作，从而形成一个通过校友的成功创业进一步反哺创新创业人才培养的体系，使创新创业教育工作与高职人才培养有机结合。

（二）深化创新创业人才培养模式改革

依托创新创业人才培养生态体系，构建"三融合、四贯通"的双创人才培养模式，深化学校、企业、孵化基地的三融合，聚集创新创业人才培养所需的师资、场地、项目、市场、资金、服务等各种要素，促进实践、竞赛、孵化、创业教学环节的四贯通。通过"学校、企业、孵化器"三融合，将企业项目融入教学内容、实训项目，让企业成为认知实习、生产性实习、顶岗实习的重要基地，学生在感知、认知、熟知产品的同时，学习知识、学习技术与技能。以竞赛为抓手，激发创新创业热情，形成创新创业成果。通过企业对师生的双创成果进行检验与转化，对双创项目进行孵化，成立初创公司，通过初创公司提供就业岗位，带动就业，提供实践岗位、反哺教学，形成"实践、竞赛、孵化、创业"四贯通的双创人才培养模式。

1. 聚合创新创业要素，实现实践、竞赛、孵化、创业四贯通

通过"学校、企业、孵化器"三融合，发挥各自的优势，聚合师资、场地、项目、市场、资金、服务等全方位双创要素，营造良好的创新创业生态环境，打通学生"双创"实践、"双创"竞赛、技术创新与研发、"双创"成果转化与孵化创业就业之间的壁垒，使学生初创公司为学校提供实践机会与实习岗位，反哺教学，促使四贯通，促进双创高素质技术技能人才培养质量的提高。

2. 契合企业新技术的发展，促进实训与双创实践融合

充分发挥企业在技术上的引领作用，将认知实习、课程实训、生产性实习与创新感知、创业认知、创新创业实践相对接。在实训环节融入企业真实项目，植入创新创业要素，以启发式、设计式、策划式进行实训教学，对实训中优秀的项目进行深入研发，实现从实训到双创再到研发的贯通。开设校企合作开发课程，包括课程实践环节开发、指导学生实践、教学大纲和教学计划联合编写等，结合企业的生产过程、岗位标准，将专业实践与双创实践进行系统性的设计，在实践教学中融入企业真实项目，植入创新创业要素，以启发式、设计式、策划式、项目开发进行实训教学。在实训课程中激发学生创新思维与创业训练，对实训中优秀的创新与创意项目进行收集并进一步深入研发，针对优秀创业计划进行模拟实施，将专业实训与"双创"实践相融合，实现从实训到双创实践再到研发的贯通。

3. 聚集生产、市场、营销、渠道等新产品开发要素，促进师生技术创新成果转化

以企业产品创新为引擎，依托企业的生产、市场、营销、渠道等优势，解决师生科技成果的转化问题。学校师生技术创新、发明专利、创业方案与策划方面具有优势，但众多"双创"成果仍停留在研究开发阶段，无法落地，导致成果的废弃与浪费。而在三融合的环境下，依据企业的需要进行产品研发与技术创新，有目的、有方向、针对性强，企业将成为"双创"成果转化的推进器，促使"双创"成果有效转化。

（三）现代产业学院建设背景下创新创业育人模式改革实践举措

1. 深化产教融合，加快推进校企合作

在创新创业教育改革中，围绕学生创新创业素养与能力的培养，实施实践、培训、竞赛、孵化、服务"五位一体"的创新创业孵化基地建设，为双创团队提供技术支持、所需资金、场地、政策与法律咨询、工商与税务等服务，以及提供专业导师团队，开展一对一帮扶，提供精准服务，促使双创项目孵化成初创公司，实现可持续发展。

2. 建设"知识化、专业化、精英化"三进阶的创新创业教育课程体系，推进创新创业课程建设

将创新创业教育与职业能力培养融入人才培养全过程，以培养学生创新精神、创业意识为宗旨，建设"知识化、专业化、精英化"三进阶的创新创业教育课程体系。

一是面向全体新生开设创新创业导论课程，将"思政教育、专业教育、双创教育、素养教育"四融合，通过精选课程内容，做好"创新与创业导论"课程的网络资源建设工作，完善了课程标准、课程大纲、教学课件，制作教学视频百余个，借助信息技术教学手段，灵活多样地编排微视频、互动教学、在线测试等教学环节，激发学生兴趣，编写具有时代精神的创新创业教育教材。二是将创新创业教育与专业教育融合，以培养具有创新精神与创业素养的技术技能人才为目标，深化课程体系改革，结合专业构建融合的课程体系，建设专业化创新创业特色课程。三是开展精英培养，将有意愿创业的学生，有针对性地进行创业能力培训与训练，使学生在培训学习中深刻体会到创业必须面临的问题，通过创业计划书的撰写，使学生理解创业过程的关键环节与创业的关键要素。

3. 开展具有"趣味性、互动性、灵活性"的丰富多彩的创新创业活动

大力开展创新创业特色活动，举办诸如创业实践嘉年华——模拟市场、云梦优创会展创业活动、设计思维训练营、微创业训练营、"燃动青春，创意无限"校园创新创业文化节等特色活动，举办以"创新创业孵化基地入驻

团队经验交流会""校园创客嘉年华""创新创业项目路演""创新创业就业政策宣传""创新创业成果交流会"等为内容的大学生双创活动周，辐射影响全校师生。

4. 积极实施创新创业学分制改革，激发创新创业热情

制定创新创业学分管理办法，学生在校期间参加创新创业实践活动所取得的成效或成果，认定后可获得相应学分。学生参加由政府部门或其委托的行业权威机构组织的创新创业竞赛，以及校内组织的各类创新创业竞赛。学生参加校园创业（非注册）、网上创业实践、SYB 创业培训并获得证书、入驻学校科创谷或创新创业孵化基地。学生主持或参与学校及省市级以上的大学生创新创业训练计划项目、攀登计划项目、科研课题等。学生获得知识产权。学生校内外创业（已注册公司）等均可置换为相应学分，这就极大地提高了学生参与创新创业实践活动的积极性。

三、现代产业学院背景下创新创业育人模式改革成效

（一）提升了社会服务能力

联合企业、高校，多元打造"产、学、研、创"一体化工程中心，协同高校和企业，发挥学校师资优势，通过企业将研发成果转化为产品，实现科技成果的应用与转化。

（二）提升了创新创业孵化能力

通过制度建设、项目孵化、开展创新创业实践与特色活动，激发师生的创新精神与创业热情。每年举办创新创业竞赛，选拔优秀的创新项目与团队，在创新创业基地进行培育与孵化，实现创业带动就业。

（三）提升了教师的技术创新能力

基于产教融合，引入企业真实项目进行产品研发和技术创新。根据企业的需要进行人才培养、项目（产品）研发和技术创新，有效促进教师创新创业成果转化为实际生产力和技术创新的能力。

第四节　现代学徒制

"现代学徒制"是教育部提出的一项旨在深化产教融合、校企合作，完善校企合作育人机制，创新技术技能人才培养模式的重要举措，是在校企深度合作的前提下，以学生技能培养为目标，以学校和企业"双主体"、以教师和企业师傅"双导师"、以企业和学校"双基地"育人为核心的人才培养模式改革。现代学徒制将传统师父带徒弟的培训模式与现代高职教育相结合，将教育、培训和就业融为一体，实现行业、企业参与职业教育人才培养全过程，推动专业设置与产业需求对接、课程内容与职业标准对接、教学过程与生产过程对接、毕业证书与职业资格证书对接、职业教育与终身学习对接，提高人才培养质量和针对性。

现代学徒制是西方国家职业教育的主要模式，较具代表性的有德国双元制学徒制模式、美国注册学徒制模式、英国"三明治"学徒制模式、澳大利亚新学徒制模式等，采用工学结合的形式来实现全过程的人才培养，在合作机制、培训标准、师资队伍培养、教学资源建设等方面取得了长足的进展，具有很强的规范性和科学性。

一、国外现代学徒制发展状况

（一）德国双元制学徒制模式

双元制是德国学徒制的表现形态，堪称现代学徒制及职业教育的典范。其特点主要体现在以下方面。第一，政府立法支持、协会主导、企业高度参与。政府制定了《联邦职业教育法》《职业教育条例》等与职业教育有关的法律，从法律上明确了职业教育的重要地位和作用。同时协会不仅仅要确认职业培训的场所和职业培训的人员资格、审查培训合同，对培训的活动还要进行监督，并对结业考试负责。第二，注重实践环节。双元制教育十分重视动手实践，每 5 天的学习时间中，学员有 3~4 天时间在企业实习。学生通过企业的实践锻炼，实践能力得到了提高，也提高了学生的人际交往能力、团队合作能力。第三，建设高素质的师资队伍。德国职业教师的学历为本科以上，且需经过 2 年的实习，实习期间他们还需要通过教育学和心理学的理论考试，取得教师职业资格证书，才能申请签约。第四，完善的考核评价体系。学生在培训期间一共需要参加两次考试：一是阶段考，一般安排在培训期中；二是结业考，安排在学习结束时，考试侧重实践考核。

（二）美国注册学徒制模式

美国的注册学徒制建立了企业雇主（联盟）主导职业培训和社区学院，如跨国合作相互协作的主导理论教学体系。围绕为什么进行合作、如何进行合作以及如何实现合作等方面，逐步形成了"市场主导，政府驱动"的利益驱动机制、"统筹兼顾、联盟平台"的协调沟通机制、"多方协同、标准引领"的课程开发机制、"证书规范、行业认证"的质量保障四个维度的运行机制。

在优化顶层设计、充分发挥行业企业主体作用、完善组织机构、构建专司统筹的多元治理格局、加强制度建设、推动学徒制规范化科学化发展等方面均有较丰富的经验。

（三）英国"三明治"学徒制模式

20世纪初，英国学徒制开始尝试一种校企合作"理论—实践—理论"或"实践—理论—实践"结合的"三明治"学徒制培训及课程设置模式。英国学徒制与国家一般职业资格证书相衔接，实现了与普通教育的衔接。同时，参与现代学徒制的学徒需要完成技术证书和核心技能的考核，就此形成由技术证书课程、关键技能课程和国家职业资格课程共同构成的三维立体课程体系。院校开设关键技能课程和技术证书课程，一般以考试形式进行考核；国家职业资格技能为程序性知识，重点培养学徒工作场所的特定能力，对学徒的评估提供了证明能力水平的材料，并定期检查工作场所评估员的反馈。英国"三明治"学徒制的优势主要体现在三个方面。其一，校企深度融合，学徒享有工资收入，能充分调动学生的学习积极性。其二，企业认可度高，学徒拥有更好的工作机会。学徒制为学徒知识和技能的提高提供了保障，得到企业充分认可，实现人才培养质量与企业需求的高度契合，学徒职场上升空间更大。其三，社会认可度高，有良好的工作待遇保证。受到国家的政策保护和财政支持的学徒制，与其他行业相比，具有良好的工作待遇，学徒还可以享受免费学习的机会及带薪休假。

（四）澳大利亚新学徒制模式

澳大利亚联邦政府 1998 年就已经引入了新学徒制，新学徒制将学徒、培训机构和用人单位联系起来，形成结构合理的培训课程体系，具有层次化、一体化的特点。新学徒制在澳大利亚职业培训法中得到了保障。在澳大利亚，只要是年满 15 岁澳大利亚公民都可以申请参加新学徒制培训（包括岗前培训与在职培训）。新学徒制的实施体现如下特点：第一，学徒和雇主到国家注册的新学徒制中心签署培训协议，然后到注册培训机构进行面试，注册培训机构主要由澳大利亚各州和地区内的技术与继续教育学院承担，学徒、雇主和培训机构三方商讨后共同签订签署一个培训计划，计划明确三方的权利和义务、培训的目标，以及培训的项目；第二，参与新学徒制培养的培训机构可得到政府的教育经费，承担知识传授和部分技能培训，企业培训是学徒制的主要组成部分，雇主必须在整个培训过程中为学徒提供学习机会，并据此支付工资，同时政府向学徒的雇主提供补贴；第三，学徒可以根据自己的情况，与雇主协商选择不同培训的时间、地点、培训方式、培训老师及学习的技术技能。

二、国内现代学徒制发展现状

2014 年，我国在《国务院关于加快发展现代职业教育的决定》中明确提出"开展校企联合招生、联合培养的现代学徒制试点"的意见，教育部颁布的《关于开展现代学徒制试点工作的意见》标志着我国现代学徒制进入新的发展时期。之后，人力资源和社会保障部、财政部联合印发《关于开展企业新型学徒制试点工作的通知》，国务院印发《国家职业教育改革实施方案》，教育部办公厅印发《关于全面推进现代学徒制工作的通知》等文件提出了"借鉴他国模式，总结现代学徒制和企业新型学徒制试点经验，全面推广现代学徒制"的任务要求，现代学徒制工作全面推开。截至 2018 年，国家试点了 3 批共 562 家现代学徒制单位。我国的现代学徒制尽管起步晚，但发展却很快，目前全国共有 1 000 多个现代学徒制专业点，共培养了 9 万余名学生。

全国各地现代学徒制试点单位积极探索，涌现出了一批典型案例，取得了丰富的经验。以广东省为例，2015 年广东省教育厅在全国率先成立由来自职业院校、行业企业、教育研究机构等专家组成的广东省现代学徒制工作指导委员会（以下简称"学徒制工作指委会"），加快推进了广东特色现代学徒制的发展，为全省高职院校现代学徒制试点工作提供培训、指导、监督，以及管理与咨询服务。2016年，广东省出台《关于大力开展职业教育现代学徒制试点工作的实施意见》，进一步明确了试点的要求。随后，广东省不断加大对现代学徒制试点的资金支持力度，每年省级财政资金投入达上千万元，部分试点地市也对参与的企业给予补贴，如中山市对每个试点专业补助30万元，并按每培养1名学生给予2 000元标准补助等。现代学徒制探索与实践，为广东省深化职业教育改革开辟了一条新路，促进了校企合作与产教融合的深度，受到政府和教育、产业界的普遍关注。目前，广东省已有54所高校194个专业点开展了现代学徒制，超过200家企业参与育人，受益学生（学徒）超过万人，校企精准对接，实现了精准育人。尽管如此，我国现代学徒制仍存在以下问题。

（一）缺乏校企合作共赢的长效机制

国家出台了大量的文件支撑，但从目前试点情况来看，由于企业资源不够、校企合作深入不足、学生培养质量满足不了企业需求等原因，现代学徒制教育主体仍是学校，企业的参与度不高文件的实施、企业的奖励等未能得到真正解决，因此试点中仍出现学校热情高涨、企业冷淡迎合的尴尬局面，这也导致在现代学徒制培养中，企业无法尽其义务。如何形成校企双方共赢的长效机制，是我国现代学徒制实施过程中必须面对的首要问题。

（二）缺乏统一的现代学徒制标准

在德、美、英、澳等现代学徒制发展较早的国家，政府牵头制定了一套相应的标准，用于规范和指导现代学徒制人才培养。而我国虽然积极进行了现代学徒制的探索，但对人才培养的规格和标准、各试点专业教学标准、课程标准等未进行统一，难以保证人才培养的规范性，人才培养质量难以得到行业企业的认可。

（三）缺乏完善的校企师资评聘机制

现代学徒制的教学团队是由学校教师和企业技术能手组成的"双导师"

团队，共同承担相应课程的教学任务。但就目前试点情况来看，普遍存在学校教师缺乏实践能力，技术能手缺乏教学能力的现象。特别是在教学团队组建初期，校企双方导师缺乏有效沟通，在教学环节往往出现割裂、脱节等问题，不能很好地满足现代学徒制的教学要求。另外，由于企业对学徒师傅的激励机制尚未完善、晋升标准缺失，企业导师对教学的热情不高、积极性下降。

（四）缺乏真实的教学生产场所及资源

现代学徒制的培养，要与企业生产一线紧密结合，以岗位典型工作任务和职业能力培养为目标，因此，教学场所往往选择与企业生产场景一致的实训场所，课程资源与岗位工作任务相对应。但在试点过程中，由于受企业资源、保密条件等限制，教学场所中的实训设备落后于企业的生产设备，开发的课程资源不能与企业生产实际相一致。

三、现代产业学院背景下现代学徒制探索

高职院校构建以学分制、现代学徒制"两制"为核心，以强化学生素质、创新创业、专业技能培养"三育"为目标，建设多元评价体系的"两制三育一体系"，形成"四元协同、五创并举的'1＋X'育训结合"的现代学徒制人才培养模式，助力产教融合产业院校升级和创新发展。

（一）现代产业学院背景下现代学徒制试点的特点

1. 推进"政校行企"四方联动协同培养

加大现代学徒制的宣传力度，通过正面引导，扩大现代学徒制的影响力。协助企业获得政府财政补贴和税收减免等方面的优惠，让企业在现代学徒制培养中获得实惠，建立产业学院理事会机制，明确各方责任与义务，消除企业参与的后顾之忧，提高行业、企业参与的积极性。

2. 校企结合、育训结合

为实现高职教育产教融合精准育人的目标，创建教学与生产相协同、学生与员工相统一、基地与车间相一致、教师与工程师相补充的实践平台，为现代

学徒制人才培养改革奠定了坚实的基础。在产业学院建设中，强化"双身份、双导师、双场地、学分改革、育训结合"培养，形成了"四元协同、五创并举的'1+X'育训结合"的现代学徒制培养模式，以项目为驱动，以成果为导向，工学交替，校企分 5 个阶段开展联合培养（基础知识储备阶段 – 项目分解阶段 – 项目操练阶段 – 项目交付阶段 – 孵化创新研发及创业阶段）。第一、二阶段通过学校学习，掌握岗位需求的理论知识；第三、四、五阶段在企业真实场景下实施项目，让学生身临其境，掌握项目策划、跟踪监测等判断性思考和解决问题的能力，具备创造与革新精神、创业规划与设计的能力。校企结合、育训结合，逐步提升学生技术技能水平及创新创业能力。

3. 完善现代学徒制技能标准，推进"1+X"证书制度

构建现代学徒制技能标准应遵循现代教育理念，体现教育与行业、学校与企业、专业与职业、教学过程与生产过程有机对接的产教联动。依托产业学院中的行业企业，校行企协同构建学徒制框架，制定专业教学标准，用于界定教学内容、规范课程体系、指导专业建设、开展课程评价等，实现现代学徒制人才培养的标准化和规范化。构建过程中，基于专业定位，利用大数据技术对网络上的海量招聘数据进行挖掘、清洗及分析，并结合传统问卷调查及实地走访，掌握最新的岗位人才需求及特征；采取"二维四步五解"职业能力分析方法，对合作企业培养目标岗位进行工作项目、工作任务、职业能力的逐步分解。以职业生涯发展为导向明确专业定位，以典型工作任务为线索确定课程设置，以职业能力为依据组织课程内容，以工作任务为载体设计教学活动，确定人才培养方案；在专业核心课程中融入国际标准，使教学要求和专业认证与国际标准接轨，同时，与企业合作开展"1+X"证书试点，将行业技术标准和职业资格标准的要求纳入专业教学考核中，规范对学生职业能力的要求。

4. 建立企业主导的课程改革，开发先进教学资源

各试点专业建立以企业为主导的现代学徒制课程改革，强调在过程中，以任务为对象，校企共商共管开课计划与教学内容，规范教学过程管理，以实现对学生能力的培养。教学项目的设计真实复现日常岗位研发过程，学生

在师傅（教师）的指导下处理项目的全过程，从中学习工程知识、设计/开发解决方案、现代工具应用、个人与团队工作、项目管理与财务等内容。培养学生的职业岗位能力和技能，将必备的专业理论知识、行业标准融入工作任务，分组、分岗位实施教、学、做一体化教学，充分调动和激发学生的学习兴趣，从而提高学生的真实岗位技能。以电子信息工程技术专业为例，教学项目的案例均按照一线的真实研发过程进行设计。课程体系设计侧重应用实践 80%课时为实践课，采用"适应性""集中式""模块化"的教学，提升学生学习中的实践能力，培养学生在工程过程中解决复杂故障问题的能力。

5. 建立科学的教学管理文件及制度

（1）建立校企共同招生及考试管理制度。校企共同完善《现代学徒制自主招生章程》，制定《自主招生考务工作实施方案》《自主招生考务手册》《高职自主招生考试保密工作实施细则》《自主招生考试监考员守则》《自主招生考试面试考官守则》《监考员考务工作流程》《考场守则》《考生守则》《考务工作流程》《命题、抽签及阅卷流程》等管理制度，形成招生、招工一体化运行机制。根据企业对专业理论知识、专业技术技能需求，及时修订《现代学徒制文化考试大纲》《专业理论考试大纲》《专业技能考核大纲》，细化招生命题、考试、录取流程，确保考试录取工作公平、公正、公开。

（2）建立校企人才培养一体化的教学管理文件及制度。校企双方联合成立现代学徒制试点专业教学指导委员会，联合制订方案试点专业人才培养方案，形成校企联合开展教学。指导委员会制定《现代学徒制校企合作项目管理办法》《学分制实施细则》《学分互换若干规定》《现代学徒制课程考核评价方法》《企业实践考核办法》《现代学徒制试点学生（学徒）赴企业见习管理办法》等相应的教学管理制度，完善多元化的育人机制。同时，形成校企联合开发课程、共建教材、"双证"融通的运行机制。

6. 构建校企联合教学过程的 TPRF 质量保障体系

（1）建立专门的组织机构，加强对人才培养的质量监控。学校专业负责人、行业协会的教育专家、合作企业专家组成三方专家委员会，共同制定并审核专业的教学标准，将岗位群所需的职业能力及岗位技能融入其中，形成企业主导的现代学徒制培养方案。育人过程由校企双方导师共同参与，校企双方提供满足人才培养的教学条件。学校教务处、质量监控办等教学质量管理监控机构，分别从教学管理、教学监控和学生管理三个方面进行教学管理、质量监控评价和信息处理反馈工作，以保证课程教学质量。校、行、企三方从学生掌握的知识技能和岗位业绩方面进行评价，齐抓共管，及时有效地对教学质量进行反馈，对企业主导的现代学徒制实施过程中的问题进行诊断与改进，定期检查、反馈，形成"TPRF"（目标（target）、过程（process）、结果（result）、反馈（feedback））质量监控与保证体系。

（2）建立企业主导的多方参与考核评价机制。创新考核评价和督查制度，建立基于工作岗位的考核评价标准，落实学校和合作企业的主体责任。按照学校学历教育和企业学徒的要求，构建全学程、双向介入的人才培养质量监控和评价体系，评价内容包含课程考核评价、学生能力、教学质量监控等。教学质量监控的措施得当、方法合理、反馈与评价结果准确，能准确检验专业人才培养方案的实施效果，也能推动和促进专业教师教学业务能力的提升。学校教师承担专业理论课程，部分实践课程由企业导师承担，最终成绩由学校教师和企业导师共同评定，侧重考核学生的实践能力。纯企业实践技能课程，由企业导师承担并进行成绩评定，评定内容包括学员的日常出勤情况、纪律情况、职业操守、团队协作精神、社会公德表现等方面，形成校企导师过程共管、成绩共评的评价体系。学校开发校企合作管理平台，学生每天记录工作日志，企业导师和学校教师可以随时查看，企业导师每周要对学徒评价一次，作为学徒的平时成绩。学校教师根据工作日志清考，随时同企业导师和学生保持沟通，对学生进行管理、监控、纠正，实现过程共管，对培养中的问题及时调整。

（3）完善现代学徒制诊断与改进机制。学院制定《现代学徒制教学诊断与改进办法》，完善现代学徒制人才考核及学徒评价机制。在现代学徒制试点实施过程中，通过校企双方的深度融合，共同完成任务实施，进一步改革相应的教学内容和合作形式，形成科学合理的教学质量评价标准和学徒考核办法，聚集行业焦点，引领社会对人才评价的变革，实现学校、企业、行业及社会的多元评价机制，推进现代学徒制教学建设及改革深入发展。

（二）现代产业学院背景下现代学徒制建设成效

1. 完善机制，促进发展

在产教融合的大背景下，经过多年探索实践，研究现代学徒制人才培养模式创新改革，不断完善校企合作机制、双主体育人的人才培养模式、现代职业教育课程体系，实现学生和学徒身份、学业标准和学徒标准、学历文凭与职业证书等方面的融合，建设完备的"双师型"结构教学团队，建立了以成果为本的课程设计和质量评价体系，健全了高职院校的政策体系、政校行企的横向沟通机制、多元参与的质量评价体系、多元参与主体的利益分配机制，实现了校企精准对接、精准育人，提高了就业质量，为人才培养质量的提升奠定了坚实的基础。

2. 能够创新现代产业学院建设机制，促进四链衔接

深化产教融合、校企合作，积极引导职业院校融入产业园区建设现代产业学院，企业到学校的交流促进产业链与教育链合一，是基于企业人才需求构建学校专业群，明晰人才培养定位；学校到企业的交流是促进人才链、产业链合一，是基于学校人才培养方案反向支撑与促进企业发展。为更全面服务区域产业升级及经济发展，现代产业学院建设坚持产业为要，坚持"将现代产业学院建在开发区里，将专业建在产业链上"的职业教育理念，按照深化教育链、人才链与产业链、创新链全方位衔接构建专业体系，充分发挥职业院校与地方政府、行业协会、企业机构等四元办学主体作用，加强产业园区、职业教育的统筹和部门之间的协调，切实增强人才对经济高质量发展的适应性，增强服务产业发展的支撑作用，推动经济转型升级、培育经济发展新动能。坚持创新发展，探索职业院校、产业园区、龙头企业及开发区政府"校园企区"等合作办学模式，推进机构共建、人才共育、过程共治、资源共享的校企合作体制机制改革，打造集现代产业学院建设内涵辨析与实践创新创业于一体的实体性人才培养创新平台。坚持产教融合，以专业群对接产业链、以产业学院对接产业园区、以课程体系改革对接产业转型升级，大力探索教育教学改革，建立教育链、产业

链、创新链与人才链紧密结合的可持续发展的新型教学机制，将人才培养、教师专业化发展、学生创新创业、企业服务科技创新功能有机结合，促进产教融合、推动学校人才培养供给侧与产业需求侧紧密对接，培养造就大批产业需要的高素质人才，为提高产业竞争力和汇聚发展新动能提供人才支持和智力支撑，达成政府、学校、行业、企业四方满意的成效，实现现代产业学院可持续、内涵式创新发展。

3. 夯实协同主体与保障工程，构建现代产业学院治理体系

服务现代产业发展是产业学院各联合主体的共同目标，是产业学院存在的逻辑起点。依据利益相关者理论，充分考虑区域、行业、产业特点，结合高校自身禀赋，兼顾职业院校服务社会办学的公益性、地方政府社会发展行政的指令性、行业协会参与的市场性及企业经营生产的经济性四方利益诉求，按照市场化运作规律组建政府、学校、行业、企业四方参与的产教融合型办学机构，构建政校行企四元主体协同组织架构，形成教育资源四方统筹建设，教学生产组织实施四方全程参与治理，机构获益促进四方共享发展的共建、共治、共赢的产教融合示范区。

"两制"即现代学徒制和学分制。精准对接区域经济发展需求，充分发挥行业企业育人主体作用，按照现代学徒制"工学交替、岗位成才"的人才培养要求，结合人才培养规律和企业人才岗位成才过程，创建"教学与生产相统一、学生与员工相统一、基地与车间相统一、教师与工程师相补充、技术与创新相融合"的实践平台，突出支撑产业发展的现代学徒制人才培养模式；大力开展学分制改革，以产教融合为契机，制定学分互换认定管理办法，通过参加企业项目开发、创新创业训练、社会实践、行业技能竞赛、考取职业资格证书等实践项目进行学分认定互换，调动学生的学习积极性和主动性，为人才培养改革奠定坚实的基础。坚持育人为本，实施现代学徒制及学分制的"两制"改革，其目的是在现代学徒制组织与学分制的治理中落实培养对接产业发展的专业技能，促进产业转型的创新创业能力及学生长远发展的综合素质"三育人"成效提升。多元主体参与的人才培养质量评价"体系"建设是产业学院保持生命力的保障。建立质量评价机制，改革相应的教学内容和合作形式，形成科学合理

的教学质量评价标准和考核办法，引领社会对人才评价的变革，制定学院现代学徒制教学诊断与改进实施办法，落实学校、企业、行业及社会的多元评价机制，还应该本着"公平、公开、公正"的原则，公布考核结果，并根据 PDCA（计划、执行、检查、处理）循环不断优化发展规划和考核方案，推进教学建设及改革深入发展。

第六章

产教融合生态圈

第一节　教育生态学视野中的产教融合研究与实践

职业教育是与经济社会发展结合最为紧密的一种教育类型，产教融合、校企合作是当前及今后一个时期我国职业教育改革与发展的方向。从教育生态学理念出发，以协同创新平台搭建为基础，构建产教融合生态系统；以校企深度合作为手段，实现系统的运行发展；以互惠共赢为基点，实现系统的良性循环，试图为高职教育发展提供可借鉴的范式。

《国务院关于加快发展现代职业教育的决定》明确提出现代职业教育要：产教融合、特色办学，推动教育教学改革与产业转型升级衔接，强化校企协同育人。《现代职业教育体系建设规划（2014—2020年）》提出：坚持产教融合发展，优化职业教育服务产业布局，推动职业教育融入经济社会发展和改革开放的全过程。可见，产教融合、校企合作已经成为当前及今后一个时期我国职业教育改革与发展的方向。从生态理念出发，构建产教融合生态系统，形成校企合作育人长效发展机制，能为高职教育发展提供可借鉴的范式。

一、教育生态理念的内涵解读

教育生态学诞生于20世纪70年代的美国，哥伦比亚大学师范学院的劳伦斯·克雷明在1976年首次明确提出"教育生态学"这一术语，为教育科学研究打开了新的视野。教育生态理论以教育为研究对象，从生态学的维度、采用生态学的方法剖析教育的内外部系统，分析教育的生态功能并揭示教育生态基本规律。教育生态理论强调整体性，关注系统内部的每个环节及各因素间的关系，注重系统内部要素的协调及可持续性发展。

教育生态理论其指导思想主要体现为教育生态理论的系统观、平衡观、控制观。系统观指从宏观来讲，教育生态系统与外部环境既相互区分又不断进行信息与物质的交换，相对独立也相互联系，从微观来说教育生态系统内部是由若干因素构成，各因素间相互影响、作用，但功能统一。平衡观指教育生态系统能够相对保持结构和功能的稳定，但这种平衡是一种动态的平衡，要依据社会的发展与需求不断地进行调整，实现系统与环境的同步发展。控制观指虽然教育生态系统具备自我维持和调节的能力，但自我调节力度有限，这就需要通过社会调节机制和手段提高系统的承载力。

任一生态因子总要与周围环境经常不断地处于相互交换之中。高等职业教育处于整个社会大系统之中，在政治、经济、文化等存在信息的交换。特别在经济建设方面，高职教育承担着为社会培养技术技能人才的重任，与产业、行业存在天然的联系，高职院校可持续发展需要对接产业，紧跟行业发展需求，离不开行业的支持。同时，高职院校也能为行业提供智力与人才支撑，在某些方面引领行业企业发展。长沙航空职业技术学院通过近几年的改革实践，构建了产教融合生态系统。

二、产教融合生态系统的组建：协同创新平台

产教融合生态系统是包含了行业、企业、政府、高校等因素的有机整体，产教融合生态系统的组建，需要搭建囊括行业、企业、政府、高校等因素的平台。复旦大学校长杨玉良认为：协同创新就是相同或相似的单元之间通过合作、产生相互作用关系和共振放大效益，形成高效有序的创新机制。职业技术与教育协同创新，依托政府、企业、高校，通过迅速畅通的交换、传播、服务平台，实现产学研的高度融合，逐步把集聚、开发、辐射与形成共享网络的功能结合起来，建设政产学研合一的开放共享协同创新型基地，实现区域范围内职业院校与政府之间、与行业企业之间、与其他职业院校之间资源利用的最大化及效益的最大化。

长沙航空职业技术学院联合航空企业、职业院校、科研院所等70家单位，成立全国首个"航空职业教育与技术协同创新中心"（以下简称"中心"）。中心定位于航空职业技术与教育，目的是推进航空职业教育与航空产业、企业的合

作与交流。成立以来，中心不断完善校企对话和互动机制，制定了中心章程，明确各方职责，实现校企合作有章可依；定期召开年会与举行主题论坛，探讨交流航空产业发展趋势、前沿技术、技术技能人才培养模式、校企合作等多项主题；搭建信息平台，收集、发布航空产业发展动态和技术升级要求、人才供求、员工培训等信息；与理事成员单位在订单培养、员工培训、实训基地建设、课程体系开发、师资队伍培养和技术服务等六大领域开展深度合作。中心的成立，革新了产教融合、校企合作的长效机制和运作模式，让航空职业教育深度融入航空产业链，推进了技术创新及科研成果的转化，创新了人才培养模式，有利于实现技能人才培养的系统化和成长道路的多样化；构建了校企深度合作平台，搭建了学校与企业、学校与学校、企业与企业沟通的桥梁，为产教融合生态系统打下了基础。

三、产教融合生态系统的运行：校企深度合作

产教融合生态系统是一个动态平衡系统，系统的有序运行，需要各因素根据发展变化不断调整自身原有结构。《国务院关于加快发展现代职业教育的决定》明确提出要同步规划职业教育与经济社会发展，推动教育教学改革与产业升级转型衔接配套，推动专业设置与产业需求对接、教学过程与生产过程对接、课程内容与职业标准对接，强化校企协同育人。为此，长沙航空职业技术学院对接产业调整专业设置，依托行业促进内涵发展。

深度对接产业，调整专业设置。高职院校开办什么样的专业，如何办专业，必须遵循高职教育的发展规律和内在要求，必须对接产业，满足产业发展的需要。长沙航空职业技术学院 1998 年升格高职院校以来，先后开办了 33 个专业，涉及 8 个专业大类。原有办学理念以市场为导向，存在着服务方向不明确，对接产业不紧密，专业特色不鲜明，校企合作不密切四大问题，已经不能适应新形势下航空产业发展需求，不利于学院的长足发展。为此，长沙航空职业技术学院明确了对接航空、服务航空的办学定位，结合航空产业人才需求趋势，围绕航空产业链，采取"撤销、转向、新增"等措施，大力调整专业设置，优化专业结构。撤销与航空产业链对接不紧密的专业 22 个，新增空中交通管理、无人机应用技术等与航空产业紧密对接的专业 10 个，预计到 2016 年，调整后的22 个专业全部与航空产业紧密对接。

坚持示范引领，实行集群发展。专业群建设是高职院校建设的重点，长沙

航空职业技术学院在调整专业结构的同时，依据新的办学思路和服务面向，围绕航空产业链，面向航空维修、制造、服务与管理三大职业岗位群，将学科基础相同或相近的专业划分为航空机电设备维修、航空电子设备维修、航空机械制造、航空服务与管理四大专业群，并明确以重点专业、龙头专业、示范性特色专业飞机维修、飞机控制设备与仪表、航空机械制造与自动化、航空服务四个专业为牵引，带动其他专业发展，形成四大特色专业群，实现了资源的优化与合理配置，提高了办学效益。

依托行业支持，打造双师队伍。高水平的"双师素质"教师队伍是培养高素质技术技能人才的根本保证。真正的"双师素质"教师就是要"上得了讲台，下得了车间"。在"双师素质"教师队伍建设过程中，学院依托企业支持，建设了专任教师和兼职教师队伍。专任教师队伍建设方面，学院新进专业教师，不论职称与学历，若上岗前三年内没有两年以上的企业实践工作经验，均要到企业一线进行为期一年的实习锻炼。在岗专业课教师以五年为周期带着专业建设、课程建设和专项操作技能培养等任务，到企业顶岗培训半年至一年。此外，学院每年选送部分教学管理干部到航空修理企业任职交流，学习企业先进管理经验，了解航空修理前沿技术。在兼职教师队伍建设方面，学院不惜重金聘请企业人才，一是聘请了 25 名企业董事长、总经理和工厂厂长，作为客座教授，他们每年利用工作闲暇时间到学院做一到两次专题讲座或学术报告，把企业管理理念、文化理念以及技术项目等介绍给师生，拓宽师生眼界。二是兼职教师品牌团队。学院拥有由 23 名技术专家和 126 名技能人才组成的兼职教师团队，每个学期安排 20 到 30 名兼职教师到校进行专业课教学或实训课教学，参与专业建设和课程改革。

校企共建基地，再现生产情境。实践教学是职业院校人才培养的重要环节，实习实训基地是培养技术技能人才的重要阵地。依托协同创新中心，一年来，学院与理事单位共建了飞机维修、飞机控制设备与仪表等 4 个校内实训中心、21 个实训室、30 个校外实训基地。学院在不断提高实践教学条件的同时，还借鉴现代企业先进生产管理理念，引入中国质量协会现场管理星级评价，以空军航空修理工厂和民航维修企业生产现场为蓝本，推行基于 6S 的实训教学现场星级评价管理。引入企业生产现场管理要素，将企业生产现场管理的要素（人、机、料、法、环），转化为（教师与学生）素养、工装设备管理、实训耗材管理、实训教学过程管理、现场环境管理等五大管理领域的考核评价要素，构建实训教学现场星级评价体系。并依据体系，进行实训基地改造与升级，真实再现企业生产情境。同时，把"敬畏航空、敬仰航空、敬爱航空""航空报国""无差错、零缺陷"等航修文化理念贯穿于实训教学全过程，营造了浓厚的职场文化氛围。

四、产教融合生态系统的循环：互惠共赢发展

职业教育是与经济社会发展结合最为紧密的一种教育类型，办好职业教育离不开行业、企业的参与。服务行业企业是职业院校的社会责任，提高企业的创新能力，培养企业需要的人才，服务区域经济发展，助推行业企业发展是校企合作的双赢目标。依托协同创新中心，理事单位参与学院人才培养全过程，空军航空修理企业等13家理事单位捐赠阿勒-31FN发动机等教学设施设备和工装869台（套），使学院在人才培养和办学条件上得到提高。学院先后与5702工厂、贵州飞机公司就飞机维修、发动机维修、无人机应用技术专业等12个专业开展订单培养，共计订单培养学生1 245人；完成哈飞公司新员工岗前培训班、四川航空股份有限公司员工CCAR—147短期技能培训班、4723厂发动机维修技能培训班等培训任务，培训各类人才1 565人，降低了企业压力，为企业提供了人才支撑。围绕产业升级和技术发展，开展应用技术研究和社会服务（如技术咨询、信息服务、装备服务等），为行业企业发展提供了智力支持。

教育受经济社会发展的制约，但教育也具有相对独立性。职业教育应适应经济社会发展的需求，但更要适度超前发展，由紧跟行业发展逐步向引领行业产业发展转变，实现产教融合生态系统的良性循环。

第二节 "双高"建设背景下产教融合生态圈构建路径

一、新阶段职业教育背景下产教融合生态圈内涵分析

（一）新阶段职业教育特点

产教融合体现了职业教育的办学理念，决定了职业教育的人才培养模式，

有助于推进"政校行企"的互动与发展。2014 年教育部等六部门印发的《现代职业教育体系建设规划（2014—2020 年）》提到，"深化产教融合"是加快职业教育发展的指导思想。中国特色高水平高职学校和专业建设计划（简称"双高计划"），强调坚持产教融合："创新高等职业教育与产业融合发展的运行模式，精准对接区域人才需求，提升高职学校服务产业转型升级的能力，推动高职学校和行业企业形成命运共同体，为加快建设现代产业体系，增强产业核心竞争力提供有力支撑"。

融合是指两个东西融成一体，职业教育要求将产业与教育融成一体。观察一个职业院校是否实行了产教融合，重要的标志之一是看这个院校是否建立了对接产业链的专业体系。

（二）共生共赢产教融合生态圈

产教融合生态圈是产教融合具体的构建模式，结合当前时代特点和多年校企合作案例事实，以人才培养为中心，为建立持续、稳定和高效的产教融合关系，形成"双高"背景下的产教融合生态圈。它以职业教育为主体进行育人创新，在当地政府政策的创新支持下，围绕当地企业进行技术创新，为行业提供服务创新，促进教育链、产业链、人才链的有力衔接，提升职业教育人才培养的契合度，提升人才培养的质量，共同促进地方经济和社会协调发展。

产教融合生态圈是一个互利互赢的三圈模型。第一圈层是地域圈：职业院校与当地产业开展深度合作，争取地方政策的支持，形成政府、企业和院校共同发展。第二圈层是学科产业圈：院校学科建设对接地方产业、服务地方企业，完成政府、企业和院校协调发展。第三圈层是学院企业圈：多个学校和企业紧密合作，共同育人，生成政府、企业和院校融合发展。地域圈、学科产业圈和学院企业圈三圈相交，共同构建共生共赢的产教融合生态圈体系。

二、以智能应用产业为例构建产教融合生态圈路径

在"双高"职业教育背景下，产生智能应用产业产教融合生态圈构建路径。立足于广州，面向粤港澳大湾区，对接粤港澳互联网＋、大数据、人工智能产业，以各类智能应用领域为落脚点，从产业链角度出发，整合各类创新平台、创新改革政策、产业学院等合作内容，打造特色粤港澳大湾区产教融合生态圈，

实现资源优化配置，按照灵活的多层次教学组织模式，以学分互认为保障机制，构建创新创业项目、校企合作项目和产业学院等跨界培养模式，与其他专业群进行跨界融合培养，构建品牌专业群，培养具有中国特色的复合型、发展型、创新型大数据智能应用人才，实现人才培养供给侧与产业需求侧结构要素的全方位融合，完成高质量人才的培养，完成产业链、技术链和人才链的对接。

（一）明确智能应用产业服务对象

21 世纪迈入信息化时代，互联网、计算机、网络通信等信息技术迅猛发展，人工智能、大数据正急剧推动着社会的变革与发展。在"双高"职业教育背景下构建产教融合生态圈，对接"中国制造 2025"等国家战略，面向粤港澳大湾区新一代信息技术产业和社会发展需求。在"双高"职业教育背景下，紧跟"云计算、物联网、大数据、人工智能"技术发展趋势，满足新一代"互联网＋"、大数据、人工智能产业的人才需求，坚持产、学、研、用一体化发展思路，以智能制造、智能建造、智能商务、智慧生活、智慧教育和智慧城市等智能人才培养的目标作为实现跨界、集成创新的重要入口，汇聚我国大数据和人工智能领域的优质资源，服务两化融合和经济转型升级，以产教深度融合和专业群跨界融合为宗旨，来开展一流的科技创新和技术服务，构建具有中国职教特色和国际育人水准的产教融合生态圈，以此培养一流的技术技能人才。

（二）打造四方协同、深度融合培养模式

在"双高"职业教育背景下，面向粤港澳大湾区制造业转型升级及新一代创新信息技术等战略性新兴产业，以大数据智能应用产业群为主体，专业群建设对 IT 信息的产业链对接，以及粤港澳大湾区战略性主导产业和战略性新兴产业中大数据与人工智能技术和应用人才的需求，在广州开发区、广州市教育局的宏观引导下，联合粤港澳大湾区的大数据、区块链、软件等行业协会，与 IBM、思科网络、百度、360、广州泰迪智能科技有限公司、中软国际（广州）信息技术有限公司等 80 多家企业建立了紧密的校企合作关系，成立"政校行企"四方协同的创新型大数据智能应用人才培养模式，在利益相关者理论和机制设计思想指导下，汇集"政校行企"多方资源，建设大数据智能应用专业群，与开发区区块链、人工智能、大数据、软件产业互动发展，成立区块链、大数据、人工智能和网络安全等产业学院，以产业学院作为校企合作的实践平台，大力搭建高职教育协同创新平台、协同育人平台、技术应用中心、工程中心、共享科技资源和公共技术服务中心，将龙头企业的人才培养标准和先进技术引入育人平台，建立创新校企协同育人机制，通过平台定期组织培训和交流活动。打造"多元合作、协同育人"机制，不同主体在政策创新、育人创新、服务创新和技术创新上发挥重要作用，推进"政校行企"深度融合，培养人工智能技术和应用人才、大数据技术和应用人才、智能网络技术和应用人才、商务数据技术和应用人才、智慧生活技术和应用人才。

（三）实现人才培养模式的创新

建立打破院系与专业限制的跨界融合培养机制，培养复合型大数据智能应用人才。围绕深度合作的内容，共同培养复合型人才；以大数据智能应用为实现跨界、集成创新的重要入口，与二级学院深入融合，以学生为中心的课程教学模式创新与实施、以学业导师制度探索分层分类教学模式改革、以学生为中心进行课程教学模式改革、以学分互认方式助力跨界培养教学模式改革、构建创新创业项目、校企合作项目和产业学院等跨界培养机制，培养复合型大数据智能应用人才；职业教育与企业产教融合在内涵上需要做好五个对接：职业教育学科和专业设置需要对接当地产业的岗位群；职业教育教学过程需要对接合作企业的生产过程；职业教育授课内容需要对接企业岗位的职业标准要求；职业教育文化氛围的创建与培养需要对接对应企业的文化；职业教育"3＋X"证书体系需要对接企业和职业的资格证书要求。

（四）构建产教融合协同育人平台与创新创业体系

建立产教融合、多元化主体协调的校企合作平台，加强技术链、产业链和人才链等有机衔接，发挥企业在职业教育中的重要主体作用，促进"政校行企"四方协同，全方位融合，形成校企命运共同体。积极寻求地方政府的支持，学院"产教融合生态圈"的构架为"一体两翼，面向全国"，即以学校为主体，以学校周边的番禺区工业园区、黄埔开发区等其他园区为两翼，主动寻求地方政府的政策支持，铺平校企合作道路，使学校发展立足于本地，以实现更好地服务区域经济发展，学校先后与广州市政府、技术开发区建立了战略性合作关系。成立创新创业教学团队，结合各类社团和协会，构建"广州市大学生创新创业项目综合信息服务平台"，开展丰富多彩的创新创业活动。建立开放性创新创业实训室，聘请专家进行创新创业教育讲座。成立创新创业服务中心，搭建计算机应用技术专业创新创业平台，开展创新教育和创业教育，提升学生的创新创业能力。

（五）实施创新的专业群课程体系和以学生为中心的课程教学模式

以学生为中心的课程教学模式的创新与实施，即探索分层分类教学，实现因材施教和个性化精准化人才培养，以学业导师制度探索分层分类教学模式改革；采用做、学、教、赛"四位一体"的教学模式，通过任务驱动教学，体现"工作过程导向"的教学理念，引入企业实际项目和校内外设计任务，实现工学结合；以学生为中心，基于行动导向设计教学方法和课程教学模式改革，构建以能力为中心的多元化课程评价体系，采取形成性考核评价模式；按照学生自我培养的需求，以学分互认作为机制保障，与二级学院和产业深入融合，以创新创业项目、校企合作项目和产业学院等为载体，构建柔性的选课机制与授课内容，以学分互认的方式打造突破专业限制的课程教学模式改革。

（六）建设"双师"团队

专业群带头人要及时跟踪粤港澳大湾区产业发展趋势和国际行业动态，准确把握专业建设与教学改革方向，保持专业建设的领先水平，扩大行业影响力，校内培养与校外引进相结合，着力培养专业群的双带头人。建设一支数量充足、结构合理、专兼结合的专业教学团队，提升专任教师整体教学、科研水平。逐步形成专业实践技能课程主要由具有相应高技能水平的兼职教师讲授的机制。建立长效机制，完善激励和约束机制，促进专业带头人提升专业水平、扩大行业影响力，支持普通教师开展课堂教学改革、提高课堂教学质量，探索"学历教育+企业实训"的培养办法，支持专业骨干教师积累企业工作经历、提高实践教学能力。

（七）开展技术技能创新与技术研发服务

在深化校企合作中，坚持走产学研结合之路，以"工学结合"为切入点，在实践探索的基础上构建特色人才培养的模式，也可以派驻骨干教师、共建研发中心或产学研基地等途径推进校企合作研发，提升专业服务社会的能力。

搭建产学研结合的技术推广服务平台；成立工程技术研究中心、工程技术开发中心，为教师开展社会服务的方式和机制提供落脚点；依托各类产业特色学院成立区域技术公共服务平台，服务区域内行业企业；建立和完善专业教师紧密联系企业、为社会服务的激励制度；建立大数据智能新一代信息技术培训基地，为粤港澳大湾区提供技术培训和职业技能鉴定工作；搭建考试中心建设平台，为各界人士提供社会考试。

（八）构建智能应用专业群产教融合生态圈建设实践与评价体系

基于产教融合生态圈的理论体系，在实践中不断修正基于产教融合生态圈智能应用专业群建设的相关理论。通过理论探索和试点实践，探索一套基于产教融合生态圈智能应用专业群，建设多元化评价体系（学校和企业自身的内部评价、政府行业组织的第三方质量评价、政府教育部门建立激励奖惩制度），对其管理机制、实践路径、建设成效进行评价，及时反馈和修正。

本节以粤港澳大湾区发展为背景，校企社共建，资源共享，互惠互利。以构建智能应用专业融合生态圈的路径为研究对象，以校企社共建的路径来研究产教融合生态圈的相关问题。突破以往校企合作研究，单纯站在高校或企业的角度，是对现有校企合作路径研究的一种拓宽。优化校企合作育人模式，完善其运行机制，为同类型院校的校企合作模式提供理论参考。

第三节　产教融合校企合作全面加速 ICT 人才生态建设

华为在湖南长沙国际会展中心举办"因聚而生，华为中国生态伙伴大会2017"。

一、人才培养需要满足新的需求

中国技术技能人才培养面临挑战，全球经济发展改变了产品和服务本质，也改变了产品生产和服务提供的技术和通信形式，这意味着生产和服务过程的变化。为了提高竞争力，工商业特别需要高技能、能动性强和具有创新能力的从业者。这对当下我国高等教育提出了很高要求。质量成为提高技术、技能人才培养的当务之急，而质量管理大师 CROSBY 对质量的定义是满足需求。

产学合作、协同育人在人才培养过程中具有极大的重要性，新经济快速发展对工程教育提出了新的需求，要面向未来布局新兴工科专业，建立更多样化和个性化的工程教育培养模式，让工程科技人员具备更高的创新创业能力和跨界整合能力。

二、企业对人才的需求

企业的战略决定了所需的人才。代理、分销起家的神州数码，提出从分销贸易型企业向技术服务型企业转型，与战略匹配的企业人才需求也从注重营销管理能力、运营管理能力向注重技术服务及研发能力迁移。借助华为售前和售后的认证体系，通过考核认证的人员初步具备了基本工作能力。

技术服务能力不仅是售前能做解决方案，售后能做项目管理服务，更包含了良好的沟通表达能力，以及对厂商政策了解和行业洞察力，特别是后两点也是人才生态需要着重培养的学生素养。

三、聚合资源加速ICT人才生态建设

大会上华为提出了其共建、共享、共生和共赢的 ICT 人才生态战略，核心内容是与生态各方共享华为全球领先的技术能力、知识体系、管理经验，以及商业实践，通过 ICT 的认证、培训、人才输送等方式为生态利益相关方 ICT 从业者、教育机构，以及企业输送养分。

华为企业 BG 中国区副总裁（渠道）表示，华为愿联合企业、院校、教育主管部门、教育机构、行业组织等多方力量，倾注各方的力量、知识与智慧，共同构筑起 ICT 领域的人才生态。华为愿意持续地为 ICT 人才生态提供强有力的能量支撑，在生态各方角色的共同努力下，助力 ICT 产业可持续的繁荣发展。

华为企业 BG（Business Group）中国区渠道综合业务部部长也表示，ICT 人才需求已从 1.0 时代步入 2.0 时代，1.0 时代通过学习技能解决问题，而 2.0 不仅是通过技能解决问题更需要具备综合能力推动商业应用，华为将坚持多方构建、智慧共享、合作共赢的理念，构筑 ICT 融合领域的人才可持续发展体系，互相成就、持续发展。具体将通过 ICT 学院、人才联盟、合作伙伴大学三种具体方式来汇聚各方力量，输送智慧资源共同培育 ICT 未来发展土壤。

特别是针对高校人才培养方面，目前华为企业 BG 中国区的产单合作伙伴有近 6 000 家，服务的客户 3 万多家，估算其中的从业人员近 50 万，预计未来五年华为所助推的 ICT 产业生态系统对人才的需求将超过 80 万。此种挑战下，华为与北京航空航天大学、北京理工大学、重庆大学、大连理工大学、电子科技大学、东北大学、湖南大学、华南理工大学、南京大学、武汉大学、浙江大学和中南大学 12 所高校签署华为 ICT 学院创新人才中心校企合作协议，共同探索面向未来的创新 ICT 人才联合培养模式。据悉 2017 年华为将与 20～30 所高校开展创新人才中心合作，让百名以上骨干教师参与合作并为产业培养千名以上创新型人才。华为 ICT 学院创新人才中心这种人才生态模式的建设，将实现院校教育与 ICT 行业用人需求的快速有效衔接，充分应对未来 ICT 行业人才的需求挑战。

世界经济论坛在《未来工作报告》中指出：到 2020 年，工作世界对从业者所提出的最重要的十项能力分别是复杂问题的解决能力、批判性思维的能力、创造能力，人员管理能力、人际协调能力、情商、判断力和决策能力、服务导向、谈判能力和认知灵活性。华为的人才生态战略也许不能使所有学习者获得以上全部能力，但至少迈出了坚实的一步。

第四节　共享发展视域下高职产教融合生态圈创建

当前的产教融合改革在国家层面可谓高位推动、力度空前，然而，从实现的角度理性审视，高职产教融合尚处于浅层次、自发式、松散型、低水平的状态。从供给侧、需求侧、宏观环境、微观落实等视角深入剖析发现，"共享难"是高职产教融合生态系统优化的关键瓶颈。因此，要理性面对高职院校共享资源和能力不足、企业共享意愿和动力不强、推动共享实现的政策落地难、促进成果和资源共享的机制不健全等困境，以共享发展理念为指引，树立开放系统思维、协同思维和整体优化思维，引领高职产教融合生态系统路径优化。契合生态系统理论的高职产教融合优化框架路向，应以共用共享能力建设为基础，以共赢共享目标指引为方向，以共治共享机制优化为关键，以共建共享价值导向为核心，以共存共享政策协同为重点，构建深度融合的产教共生系统，促进高职教育和产业体系人才、智力、技术、资本、管理等资源要素集聚融合、优势互补、共建共享，打造支撑高质量发展的新引擎。

进入中国特色社会主义新时代，产教融合迎来了国家顶层制度设计、教育系统和产业系统整体推进的重要机遇期。但是，从实践理性和生态系统视角审视，国家宏观政策到地方落实还存在"最后一公里"的落地障碍，多元主体产教融合的共识不足，高职产教融合还处于浅层次、自发式、松散型、低水平的状态，存在"学校热、企业冷"的两端发力不均、合而不深、合而难融、机制不畅等问题。

一、当前高职产教融合中的"共享难"困境与症结

（一）供给侧视角：高职院校共享资源和能力不足影响产教融合深度

作为产教融合供给侧的高职院校共享资源和能力明显不足，与产业需求侧的期待和要求还有不小的差距，对企业的吸引力和影响力较小。

第一，可共享的科技资源及师资研发实力不足。高职院校教师的科技研发能力和管理咨询水平不高是一个"陈年问题"，也是一个根本性的制约因素。上海市教育科学研究院和麦可思研究院联合发布的《2019中国高等职业教育质量年度报告》指出，面对2019年高职扩招100万名的利好政策，高职院校教学资源将更加"摊薄"，生师比不达标、"双师素质"教师比例和高级职称教师比例过低等问题也仍然存在。高职院校现有的教师队伍不仅专业能力与水平不能适应产业升级、技术发展的要求，无法支撑高水平技术技能人才培养，还存在严重的缺编问题。《2017中国高等职业教育质量年度报告》发布的数据显示，2017年200多所院校专任教师到编率不足80%，部分院校生师比超过30∶1，既难以有效保障专业教学质量，也制约科技研发和社会服务的能力和水平。根据对各高职院校质量年度报告"服务贡献表"的综合分析，2018年全国75%的院校社会服

务收入不到 100 万元，其中横向技术服务到款额为 0 元的占 40%。技术服务能力总体欠缺的现实，成为高职教育与产业发展有机衔接、深度融合的最大短板。

第二，可共享的毕业生人才资源质量和层次与产业迈向中高端的发展需求有差距。由于生源质量、师资水平、办学条件等客观因素的制约，在高职院校为产业体系源源不断地输送大批技术技能人才、做出重要贡献的同时，不可否认的是其人才培养的目标、定位、规格及毕业生的职业素养、技术技能水平等还未能很好地满足产业转型升级和创新发展的需求。2018 年吉林省发改委组织的深化产教融合企业问卷调查显示，企业对在职的职业院校毕业生的整体满意度一项，选择非常满意的占比为 16.94%，而选择一般和不满意的比例却占28.47%。

第三，可共享硬件资源的数量、质量和便捷性不高。高职院校可共享的硬件资源主要包括实训场地、设施设备、会议场馆、教室、运动场馆等。由于高职院校办学历史积淀普遍薄弱，作为主要收入来源的生均拨款长期以来较低，硬件资源条件的现代化、先进性水平并不高。再加上师生数量较多，除假期和周末之外，资源普遍紧张，可共享的时间有限，对企业的贡献度和吸引力不大。

（二）需求侧视角：企业共享意愿和动力不够影响产教融合效度

产教融合需要教育供给侧和产业需求侧两端发力、动力平衡，整体推进深度融合发展，但长期以来行业、企业积极性不高导致需求端乏力的问题一直难以解决。校企合而不深、合而不融成为普遍现象，部分院校的合作甚至只停留在签订协议层面，企业参与不足，更谈不上深度融合。《2018 中国高等职业教育质量年度报告》发布的数据显示，2018 年 239 所院校支付企业兼职教师的课酬低于 1 000 元，其中 143 所院校无兼职教师课酬。这在一定程度上说明，相当一部分高职院校的企业人才培养参与度还很低，校企合作深化的路还很长，距离产教深度融合的目标还很远。深入分析，这其中的关键原因就是企业的共享意愿和动力不足。

从本质属性的角度分析，企业是营利性组织，其共享的意愿和动力由成本收益核算结果决定。从校企合作的历史实践看，企业投入设备、奖学金和人力资源成本，与高职院校开展订单培养或现代学徒制联合培养，意在获取数量充足的优质劳动力资源。但现实情况常常是事与愿违，当前高职院校的学生主体是"95后"和"00后"，他们参与企业教学享用先进设备和到企业实训实习的意愿一般都是积极的，而到就业时其自主选择的个性就表现出来了，一个班往往只有个位数的学生愿意到合作企业就业。同时，正处于学习期的学生一般技术技能水平还达不到技术性岗位的要求，只能适应操作性、重复性劳动岗位，即使到企业短期顶岗实习实训，也难以达到企业的熟练性、技术性要求，难以满足长期生产的需要。只有劳动密集型、技术技能要求低的企业对实习学生需求较大，但这类企业提供的岗位又难以达到高素质技术技能人才培养的训练要求。另外，如上所述，由于高职院校教师科技研发能力有限，企业与高职院校合作，很难获得相应的科研支撑，解决技术研发问题或共享科研成果，往往投入大、收益小，共享的意愿和动力不足也是很自然的事情。

（三）宏观环境视角：推动共享实现的政策落地难影响产教融合力度

制度的生命力在于执行。而从宏观上来看，国家产教融合政策落地难恰恰是推动共享实现的核心制约因素。2019年10月，《国家产教融合建设试点实施方案》印发后，国家发展改革委有关负责人指出，宏观层面教育和产业统筹融合、良性互动格局尚未根本确立，部分地区发展"见物不见人"，教育资源规划布局、人才培养层次和类型与产业布局和发展需求不相适应，人才供需结构性矛盾凸显。客观来说，"当前产教融合改革导向非常明确，但是落到实施层内，各部门各行业前期各自出台的各类政策，彼此之间的衔接性、贯通性还没有打通，还没有形成需求导向、贡献导向的合力"。

一方面，推动产教融合实现资源共享的各类政策存在各自为政的现象，导致愿景美好、期待已久的重大制度到了高职院校和行业、企业操作层面成为"空中楼阁"，无法落地实施，只开花不结果。究其原因，主要是国家层面的政策偏重于宏观引导，以鼓励和倡导性为主，规约的强制性不够，而地方的配套实施办法和细则又迟迟没有出台，地方相关部门无法跟进落实，导致"财政＋金融＋税务＋土地"的组合式激励政策停留在纸面上，难以落地实施。

另一方面，地方政府和有关部门对产教融合作为国家战略定位和综合改革措施的认知还不到位，产教融合综合改革还没有形成广泛共识，传统的"教育的事情教育部门管"的思想观念还没有根本转变。由于认识的偏差，即使地方出台了相关制度，大多也偏于空泛和无力，对高职院校和企业推进产教融合实现共建共享的支持引导力度不大，无法有效激发企业的参与动力。这在客观上形成了"高位积极倡导、下位空泛乏力"的现实政策生态环境，产教融合的外部激励、规约和保障制度的空转和缺位成为推动共享实现的核心困扰。

（四）微观实践视角：促进成果和资源共享的机制不健全影响产教融合强度

机制是指相关方和要素间的关系结构和运行方式，高职产教融合的共建共享机制是指多元主体间共享合作成果和共有资源的相对稳定的分配方式和配置方法。由于共享机制的不健全，高职产教融合中的共享层次和深度不够，利益相关方参与动力不足，投入资源相对偏少，导致产教两端长期处于关系松散、融合水平不高的状态。

第一，没有形成稳定的投入产出体系，无法保障预期收益的有效达成和合理分配。高职产教融合参与方包括政府、行业、企业、院校等，其中院校和企业是主体。政府在产教融合中的投入主要是政策供给，行业的投入主要是信息和组织协调，高职院校的投入主要是场地、设备和人力资源。各参与方投入之后，产出的可共享资源分配却具有很大的不确定性。例如，培养的人才和产出的科技成果，难以稳定的保障规格和质量，分配具有随机性和流动性。

第二，缺乏共享资源建设的长效安排，更多的是关注眼前利益的短期行为。一些地方政府和体制内的行业组织受任期、认识、权力等因素制约，往往更注重眼前的政绩和社会影响，对高职产教融合的长期发展缺乏耐心和投入。企业行为主要基于成本收益的计算，社会责任感无法激发持续的参与动力，而深度的产教融合要产出高质量的可共享创新资源和成果，需要企业持续投入大量的资金成本。作为多数高职院校主要合作对象的中小微企业一般无力承担，也不愿意承担，他们往往更加注重短期利益，以获取廉价的实习劳动力和稳定的毕业生为主要诉求。

第三，没有建立实体化运作载体作为共享的依托，难以实现产教两端的一体化推进。当前，高职院校与企业的合作主要靠领导关系对接，靠契约形式落实。高职院校由于办学自主权有限、顾虑国有资产流失风险等因素的制约，企业由于教育市场准入规则、交易规则、退出机制和投入回报机制不健全等因素的影响，大多未能共建产权清晰的产教融合实体化运作载体，导致产教两端一体化应用开发、成果转化的产业化链条不健全，推进产教融合混合所有制改革也一直停留在探讨阶段。

二、共享发展理念及其对高职产教融合的启示

新发展理念包含"创新、协调、绿色、开放、共享"五个方面，这五个方面具有内在的逻辑关系，相互联系、相互影响，整体上以共享发展作为目标方向和价值归宿，既体现了发展的根本目的和基本追求，又体现了事物发展的内在规律性要求，是合目的性与合规律性的有机统一。共享发展理念的科学内涵不仅包括目的旨归，还涵括过程共建要求，过程共建的结果由建设的主体共享，契合了系统科学的逻辑思维。因此，共享发展理念为高职产教融合发展提供了理念指导，产教融合的过程就是跨界协同、共建共享的过程，就是开放系统思维、协同共建思维、整体优化思维指导下的实践探索过程。

（一）基于共享发展的开放系统思维，引领高职产教融合形成优势互补与功能衔接格局

高职教育产教融合是多元主体共同参与、跨界整合的复杂过程，是促进教育链、人才链与产业链、创新链有机衔接，最终总体形成高职教育和产业统筹融合、良性互动发展格局的系统工程。现代系统理论强调，系统是事物存在的方式，其基本特征是整体性、关联性、等级结构性、动态平衡性和时序性等，在与外部环境的物质、能量和信息的交换中，需要针对环境的实际情况做出反应、调整和选择，使内部子系统潜在的发展能力充分释放出来。高职教育产教融合是一个开放的生态系统，符合系统的基本特征，作为系统主体构成部分的高职院校和产业融合发展的相关方进行信息、资源、技术、技能、人员等的交

换和交流，并根据高职教育发展趋势的变迁和产业发展环境及规律的变化进行相应的动态调整，这样产教融合系统相关子系统的潜能才能不断得到释放，作用才能充分发挥出来。因此，推进高职产教融合发展，必须树立开放的思维、系统的思维，不能在高职教育体系内部孤立地谋划发展和合作，要与区域经济和产业发展同步规划，系统化构建目标一致、优势互补、功能衔接、紧密有序的产教融合格局。

（二）基于共享发展的协同共建思维，倡导高职产教融合利益相关方共建共享

共享发展理念的内在逻辑性和规律性要求成果共享的前提是过程共建，要求共享发展成果的利益相关方同频共振、同向发力、同步发展。共建才能共享，共建的过程也是共享的过程。高职院校、行业、企业等利益相关方只有通过相互协调、联动合作、互相支持的协同过程，才能实现基于共享发展的产教融合发展目标。因此，在高职产教融合实践中，要实现共享发展，就要树立协同思维。高职产教融合利益相关方通过协同建设，融合教育供给侧和产业需求侧的资源要素，共同建设设备同步更新、技术先进、合作共享的平台基地；通过协同创新，融合教育供给侧和产业需求侧的创新要素，激发合作共享的强大动力；通过协同育人，融合教育供给侧和产业需求侧的结构要素，进行全方位的持续及时对接，使高职教育专业设置与产业转型升级动态协同，课程体系与职业标准、生产过程等产业要素对接协同，建立健全高职以产业需求为导向的人才培养结构调整机制，促进校企双主体育人和产教高质量融合发展。

（三）基于共享发展的整体优化思维，注重高职产教融合成果共享的广度和效度

基于共享发展的高职产教融合追求的是优势互补、互惠互利、合作共赢，必然强调系统的整体优化。系统论的核心思想是系统的整体观念，其思想精髓是结构决定功能、整体大于局部之和。一般系统论的创立者贝塔朗菲指出，系统作为有机整体的形态存在，发挥整体性功能，其组成部分相互关联、相互影

响，内部子系统之间和外部环境之间不断进行信息和能量的交换。按照结构决定功能的原理和特定优化机制，可以让系统显示出各个孤立部分所不具备的特质和功能，并且通过持续改进不断实现系统整体绩效的最大化。基于共享发展的高职产教融合过程，也是一个系统整体优化的过程。各利益相关方通过有机衔接、协同合作、成果共享可以实现高职产教融合系统的整体优化，促进高职产教融合价值的创造。要树立整体优化思维，高职产教融合必须兼顾各利益相关方的合理利益诉求，不应只关注单方面的利益最大化，而应充分考虑共同利益的最大化，从而激发参与各方的内在动力。在整体优化的过程中，要以整体利益和长远利益为追求，处理好整体和局部的关系，处理好长期利益与短期利益的辩证关系，注重成果共享的广度和效度，促进产教融合的平衡发展、可持续发展。

三、基于共享发展的高职产教融合生态系统优化路径

新一轮科技革命和产业变革，要求现代化教育体系和产业体系构建开放创新复合多元的生态系统。生态系统是生态学的核心概念，提出生态系统概念的美国学者欧德姆定义生态学是"研究生态系统结构与功能的科学"，主要研究生态系统中生物空间分布、能量流动和物质循环的规律等。高职产教融合系统符合生态系统的规律性特征，也是一个基于多元主体要素的空间分布、能量流动和资源循环的生态系统。具体来说，高职产教融合生态系统是多元主体之间合作所形成的资源共享和循环的功能单位，可将其视为在一定区域和产业范围内，主要在企业与院校之间及其发展生存的社会环境中，通过资源的交流共享、内生升华、转化应用而相互影响、作用的有机整体。从共享发展的视角出发，要优化高职产教融合生态系统，应该以共用共享能力建设为基础，以共赢共享目标指引为方向，以共治共享机制优化为关键，以共建共享价值导向为核心，以共存共享政策协同为重点，以打造高质量高职资源生态供应链，激活行业、企业的产教融合动力系统，构建深度融合的产教共生系统，创新产教融合的实体化载体建设，整体优化共性制度供给环境方面重点着力。

（一）以共用共享能力建设为基础，打造高质量高职资源生态供应链

能量流动和物质循环是生态系统的基本内在特征。同样，作为高职产教融合生态系统的主体功能单位，人才培养供给侧的高职院校和产业需求侧的企业之间合作形成资源共享循环也是系统的基本内在要求。然而，高职院校共享资源和能力不足是导致产教融合层次和水平不高的根本症结所在。因此，优化高职产教融合生态系统，要树立开放系统思维，以产业需求为引领，以共用共享能力建设为基础，打造高质量高职资源供应链生态。

一是大幅度提升高职院校教师的科技研发和管理创新能力，为行业、企业提供高水平的科技人才和智力资源。要强化"双师"队伍建设，坚持引培并举，在强化现有教师的学历提升、技术研发能力培养的同时，尽可能地提供有吸引力的待遇条件，从行业、企业引进科技研发能力突出的技术技能骨干和经验丰富的管理骨干到高职院校任职，充实师资队伍，提高整体师资实力；要提升教师为行业、企业提供技术攻关和创新研发服务、引领技术前沿发展的能力，促进高水平科技科研成果的产出和转化，形成创新能力和创新要素供应链，支撑产业高端化发展。二是提高教育供给侧和产业需求侧的要素整合能力和协同育人能力，促进校企共同制订人才培养方案，共同开展人才培养实践，切实培养一批高素质的应用型、创新型、研发型技术技能人才，形成人才供应链。三是提高高职院校硬件资源建设层次、质量和水平，与企业共用共享。高职院校要通过提升自身造血功能，多渠道筹措办学经费，按照系统设计、标准提高、功能提升的原则，建设和改造有现代化气息、先进便捷的设施设备、实训场地、教室、场馆等可共用共享的硬件资源，形成硬件资源供应链。四是与行业领先企业协同开发智能化、数字化的先进技术标准课程资源库、培训资源库和职业标准体系，与行业企业职工学习培训共用共享，形成学习培训资源供应链。通过创新能力和创新要素供应链、人才供应链、硬件资源供应链、学习培训资源供应链的系统整合和有机融通，形成高质量高职资源生态供应链。

（二）以共赢共享目标指引为方向，激活行业、企业的产教融合动力系统

美国社会心理学家库尔特·勒温的场动力理论认为，主体行为的产生主要决定因素是内部需要。这一理论启发我们，从内生性角度研究企业参与产教融合的内在动因与切实需求，更符合企业行为逻辑与参与过程的内在必然性，也是破解企业参与产教融合动力不足难题的逻辑起点。党的十九大报告强调，创新是引领发展的第一动力，是建设现代化经济体系的战略支撑。而产教融合是加速汇聚产业转型升级的核心要素、加快建设科技和人才引领的现代化产业体系的关键机制。从国家战略的宏观视角来审视，高职教育与产业协同发展，以共赢共享目标指引为方向，能够化解高职教育闭门培养技术技能人才不适应市场需求和产业增强核心竞争力急缺高技能人才支撑的困境，同时整合双方的科技研发人才和技术技能积累资源，发挥协同效应，为产业体系的整体优化和向全球产业链中高端迈进汇聚动能。这既能促进高职产教融合发展目标的实现，也能彰显高职教育和产业这两类主体存在的社会价值和意义。无论从高职教育的创新发展来看，还是从产业转型升级实现创新驱动发展的角度来讲，开展协同创新都是融合教育供给侧和产业需求侧动力要素的理想选择。高职教育与行业、企业协同创新，将创新要素融入产业链，把高职院校科研人才的创新能力、创新成果，以及培养人才的技术应用能力、产品开发能力转化为产业发展的现实推动力，与产业自身的创新能力、创新要素相结合，可以形成促进产业转型升级和创新发展的驱动力。行业、企业与高职教育协同创新，将创新要素和需求要素融入教育链，把产业最新发展趋势、动态信息、技术进步、工艺流程改造、产品研发、人才需求等转化为高职教育的创新资源和动力，双向整合、互相激励、协同推进，形成以创新为核心的价值链，既可以有效解决各自发展中的难题，又可以增强产教融合的内生动力。

（三）以共治共享机制优化为关键，构建深度融合的产教共生系统

从生态学的视角来看，基于互益性是生态系统内共生主体和谐共存、恒久服务的必然要求。高职产教深度融合也是一个共生系统，能否形成各集聚主体间的互益共生生态与共治共享机制密切相关。从现实情况来看，一方面，高职

教育经过新世纪以来的规模化发展，为我国高等教育迈入普及化做出了重要贡献；另一方面，高职教育供给的扩大，也加剧了产教供需两侧的结构性矛盾。总体来说，在高职产教融合系统中，高职教育的发展滞后于产业技术和模式创新的迅猛发展，高职院校一直处于"跟跑"阶段，产教两端处于"点对点松散合作"状态。因此，迫切需要以产教融合打破高职教育的封闭式办学格局，形成服务发展、开门办学、开放共建、协同创新的办学模式，以共治共享机制优化为关键，构建深度融合的产教共生系统，使高职院校与产业体系从"跟跑"到"并跑"再到"抱团跑"，为产业体系实现创新驱动发展和转型升级迈向全球价值链中高端提供有力支撑。

要完善共同治理机制。高职院校要建立健全由行业、企业作为重要主导的理事会，共同决策发展规划、专业设置、师资建设、人才培养、创新研发、成果转化、社会培训服务等重要事项，与产业发展体系协同目标、协同资源、协同共享，建立以行业企业为主导、校企人才资源为支撑、产业关键核心技术攻关为中心任务的产教融合发展机制。在共治共享机制有效运行的基础上，强化产教共生系统创新要素、人才要素、资源要素的集聚合力和增值效应。通过高职院校办学模式的改革创新和办学核心要素的重新组合，以及企业的产品研发、管理流程再造等，校企以共生思维形成价值共同体，将产教共生系统内的信息、数据、知识、技术、人才、课程、产品和服务等打造成与区域产业体系有机衔接的创新资源供应链，共同创造更大的社会价值、经济价值，不断提升可持续发展的核心竞争力，增加融合发展的红利和共生发展的效益。

（四）以共建共享价值导向为核心，创新产教融合的实体化载体建设

纵观高职院校产教融合校企合作的实践探索，目前主要有"低、中、高"三个层次。低水平的合作是"点对点"参与模式，如企业为学校提供实习实训场所、学校承担企业的研发项目等；中等水平是"面对面"的项目渗透模式，如引企入教、校企互聘、订单培养、现代学徒制等，主要围绕人才培养形成合作域；高水平的合作是"一体化"融合模式，如共建产教融合平台、混合所有制办学实体等。其中，高水平的"一体化"融合模式是高职产教深度融合发展的方向，这种模式下可建立集聚人才培养、技术转让、项目牵引、研发合作等功能多元复合的市场化运行载体，是合作层次最高、最为紧密的长期模式，也

是企业可获得稳定预期利益的一种共建共享模式，最能激活企业参与产教融合的动力。高职院校要在共享理念指导下跨界整合，联合利益相关方，融合教育供给侧和产业需求侧资源要素，以共建共享价值导向为核心，进行协同建设，不断提高和升级产教融合校企合作的层次和水平。

高职教育系统拥有相对完善的教育教学体系、"双师型"师资人才、教育培训设施设备场地、大批量技术技能人才供给、应用型科技成果等资源，产业系统拥有先进敏捷的生产经营管理体系、与市场同步的最新设施设备、符合市场需求的产品工艺、高水平管理和技术人才等先进生产资料。这两者在共同目标追求下集聚双方各自拥有的优势资源，同时融入信息、知识、文化等软要素，协同建设共享共用的设备持续更新、技术技能持续积累、管理理念水平持续改进的产教融合实训基地、资源互通平台、混合所有制产业学院等。通过这些实体化、市场化、专业化的产教融合载体建设，将产教的多元主体、多维要素、多重环节进行链式融合，集合人工智能、数字化技术形成创新生态，实现优势互补、功能整合、整体优化，共同提高生产要素聚合效率和效益，将高层次的产教融合打造成为经济高质量发展的新引擎。

（五）以共存共享政策协同为重点，整体优化共性制度供给环境

制度既是导向，也是规约，是产教融合两端的指挥棒和驱动力。深化和优化高职产教融合生态系统，要以共存共享政策协同为重点，加快产教融合微观层面的关键共性制度供给，整体优化共性制度供给环境，让政府、行业、企业、学校、研究机构等多元主体深度参与产教融合创新实践，加快从低、中层次的校企合作走向高层次的一体化融合发展提供坚实的共性制度保障。

一方面，以制度创新、共存共享为导向，实现产教融合制度体系的具体化，突破政策落地"最后一公里"的壁垒和障碍。以理性务实的态度和协同共享的发展理念为指引，统筹国家层面和地方层面的政策对接，厘清制度盲区和无法落实的根源性问题，建立正面和负面清单制度，定期梳理发布"财政＋金融＋税务＋土地"组合式激励政策和优惠措施清单及问题清单，强化产教融合制度体系的落实落地。

另一方面，在产教融合型城市、产教融合型行业、产教融合型企业试点实践的基础上，探索建立基于共存共享发展导向的产教融合生态评价体系。评价

体系要分类设定，体现导向性、多元性、创新性、科学性和客观性。评价结果要纳入政策反馈和更新，作为地方政府、行业、企业和高职院校综合发展考核依据的一部分，强化督促落实和优化改进。此外，还可以借鉴德国的协调性生产体制经验，优化产教融合共存共享政策的协同实施。德国的协调性生产体制强调依赖政府与行会的协调作用，减少多元主体的趋利有限理性和市场环境的不确定性、复杂性的影响，形成有序有效的制度执行环境和市场环境。产教融合的多元主体很难自发产生共存共享行为，这就需要政府和行业组织的协调和引导，规避市场失灵、政策失灵现象和政策激励下的逆向选择、道德风险，促进制度环境的整体优化和制度导向效应的持续强化。

第七章

产教融合发展共同体

促进大学生就业创业是全社会共同的责任。阳光学院与其创办方阳光控股合作的"阳光直通车"工程，通过"选才""育才""用才"，精准输送学生至"世界 500 强"企业工作，并实现高质量就业；通过与阳光控股旗下相关业务板块的合作，催化了学生自主创业，保障了学校持续发展，创新了企业人才战略。高校和企业经过不断融合发展，形成产教发展共同体，有效并高质量地促进大学生就业创业，为解决大学生就业创业难的现实问题提供了一个有效的方案。

第一节　产教发展共同体的目标

高校培养人才、供给人才；企业需求人才、运用人才。因为目前校企双方存在人才供需错位的矛盾（主要是供给跟不上需求），所以人才供给与需求的匹配决定着学校与企业必须形成产教发展共同体，建立共同的目标：共促大学生就业创业，解决当代大学生面临的就业难、创业难的现实问题，实现学生高质量就业，促进高校深化就业创业制度改革，使得企业经济效益、社会效益共同提升。

一、大学生就业创业难的现实问题

（一）就业难

1. 大学毕业生数量逐年递增，就业竞争压力大

从 1998 年开始，大学毕业生人数逐年增长，到 2019 年，毕业生人数增加

至 834 万人，21 年里增长了 10 倍。2019 年 10 月 30 日，2020 届全国普通高校毕业生就业创业工作网络视频会议在北京举行。会议中提到，2020 届高校毕业生规模预计将达到 874 万人，较 2019 年同比增加 40 万，更加大了就业市场的压力。我国普通高等学校 2 688 所，其中"双一流"建设高校 137 所。对于"双一流"建设高校来说，每年几十万名毕业生在就业方面基本不存在困难，其就业机会与就业质量也高于其他高校毕业生，他们可以根据自己的兴趣来"挑选"就业岗位。但对于大量其他高校的毕业生，就业难的关键问题并不是找工作难，而是找到自己心仪的工作比较难。对于民办高校来说，因社会对民办高校存在主观"偏见"，所以其毕业生的就业竞争压力不言而喻。当前我国处于经济结构改革调整的发展时期，我国经济发展进入新常态，经济发展速度放缓，经济发展质量逐渐提高，这在一定程度上使得大学生就业选择的岗位有限。

2. 企业用人要求"高"

每年进行"校招"的企业看上去挺多，但"校招"的人数只是该企业招聘总人数中的一部分，"校招"的企业也只占总企业数的一部分，更多的企业愿意招聘有工作经验的人员，因为他们能为企业节省培训和沟通成本；为企业的发展带来资源和经验优势，同时可以将其他公司的一些优秀方法带进企业并进行创新；为企业带来高效工作方式和方法，并带动企业原有人员一起实现优势互补；为企业减少试错成本，节省企业的资源等。就现实情况来看，多数学生在校学习期间，实习的机会较少，在就业之前鲜有工作经历。在国内不断变革和调整产业结构的背景下，新技术、新职业对大学生提出更高的要求，学生在校期间形成的思维认知与社会经验的匮乏使得他们未能得到企业的认同。这也可以看出，毕业生所具备的条件与企业需求之间存在一定差距，同时也反映出高校对人才的培养与社会对人才的需求之间的不匹配。

3. 大学毕业生就业观念出现"偏差"

除了以上外部因素，部分大学毕业生自身的就业观念存在偏差，这主要由于其在校期间未受到有效的教育与引导。教育部办公厅于 2007 年底印发了《大学生职业发展与就业指导课程教学要求》，"从 2008 年起提倡所有普通高校开设职业发展与就业指导课程，并作为公共课纳入教学计划，贯穿学生从入学到毕业的整个培养过程""建设一支相对稳定、专兼结合、高素质、专业化、职业化的师资队伍，是保证大学生职业发展与就业指导课程教学质量的关键"。但目前，各高校对该门课程的重视程度不高，授课教师的专业化程度较低——多是由辅导员来授课，仅少量教师经过系统性的培训或获得职业证照，教师对学生职业生涯规划个体性指导的专业能力不足。这些因素都导致学生未能在在校期间确立阶段性和中长期职业目标、确定适合自己的发展道路，使得他们在大四择业期间，比较迷茫，出现"不知道应该做什么工作"的现象。

近几年，受到家庭条件、价值取向等因素的影响，高校出现了一个新现象，一批毕业生"不着急""不将就"就业。学校强调的"大四就得落实就业单位"，以及"毕业后马上上岗"已不再是毕业生的"必选项"了，学生希望大学四年能够"轻松""完整"地度过，毕业后，再开始考虑就业问题，甚至有部分学生为了考研或者考公务员连续多年不就业。

（二）创业难

教育部于 2010 年 5 月印发了《教育部关于大力推进高等学校创新创业教育和大学生自主创业工作的意见》，中国政府在 2014 年 9 月的夏季达沃斯论坛，以及 2015 年政府工作报告中号召"大众创业、万众创新"，创新创业俨然成为社会关注的话题，也成为推动社会进步和发展的动力之一，同时大学生创业也被当作是解决大学生就业问题的一种有效途径，但同样是一种风险很高的就业途径。由中国人民大学牵头，北京师范大学、上海交通大学等三十余所高校、企业和社会组织联合跟踪调查的覆盖全国 52 所高校的《2017 年中国大学生创业报告》表明，大学生创业意愿持续高涨，近九成大学生考虑过创业，26%的在校大学生有较强的创业意愿。虽然大学生创业覆盖面在不断扩大，但制约大学生创业的因素依旧明显，其中最主要的障碍是资金缺乏和能力不足（缺乏社会关系、经验等）。

1. 大学生缺乏创业资金

大学生创业初期，资金缺乏是学生面临的最突出的问题，获得资金的渠道一般有家庭自筹资金、政策专项补贴、银行政策性贷款、创业风险投资等，由于家庭自筹资金受限于创业者的家庭背景，风险投资资金对市场成熟度要求较高，原则上政府专项补贴与银行政策性贷款应是大学生创业最主要的资金来源。

但从现实情况来看，家庭自筹资金支持却是目前大学生创业最主要的资金来源。由于很多大学生未掌握风险投资、信贷的相关政策，缺乏相关的金融专业知识，融资意识与融资能力较弱，故而没有将银行政策性贷款作为获得资金的主要渠道，或者说，大学生初创企业不容易获得贷款支持。此外，政府创业基金资助的比例低、受众面小，银行政策性创业资金贷款存在条件限制等，使得大学生创业的融资渠道变得较为单一，为了快速获得创业资金，谋求家庭支持或是向亲友筹借成为大学生创业资金的主要来源。而部分创业者由于家庭自筹的资金不足也导致其经营方向与规模受到较大的限制。

2. 大学生创业能力不足

近几年，为响应国家号召，高校对创新创业教育的重视程度越来越高，制定各种政策鼓励大学生创业，举办各类创新创业赛事提高大学生的创业能力，开设创新创业教育相关课程，但大学生创业能力仍不尽如人意，一方面是因为创业教育课程未成系统，且未融入高校整体的教学体系，与专业教育之间尚未形成有机联系；另一方面，高校现有的师资创业教育理论基础薄弱，创业实践经验缺乏，理论与实践难以兼顾。大学生创业有着知识方面的优势，但欠缺社会经验，市场调研、制订周密的可行计划是在校大学生或者刚出校门的大学生比较薄弱的环节，对风险和困难的预估也不足，这也增加了大学生创业的失败率。

二、产教发展共同体共促大学生就业创业的意义

（一）学生实现高质量就业

何为高质量就业？目前，国内外不同群体从不同角度对其有不同的解读，而从大学毕业生角度来说，高质量就业应该包含以下几个要素：第一，毕业生在充分就业的基础上，个人的能力、兴趣与岗位需求贴合，即其所学能够基本应对岗位带来的挑战；第二，毕业生对工作内容、形式等满意度较高，可满足其个人职业生涯发展的需要，离职概率低，就业稳定；第三，毕业生的薪酬收入不低于就业的平均收入，能够支撑较高的生活水平，体现接受过高等教育群体的市场价值；第四，毕业生在就业岗位上的历练能为其创业带来一定的积累，

帮助其创业；第五，毕业生就业能与国家和地方需要相结合，积极服务于社会经济建设，实现与高校人才培养的目标相匹配。

党的十六大提出社会就业比较充分，党的十七大提出社会就业更加充分，党的十八大强调要做好以高校毕业生为重点的青年就业工作，推动实现更高质量的就业，这就使充分就业走上了一个更高级的阶段。在经济新常态下，加快转变经济发展方式过程中同步推进就业转型，实现由数量扩张向质量提升转型成为高校毕业生就业工作面临的重大挑战。面对这一挑战，产教融合发展形成产教发展共同体无疑是最佳应对方式。在校企共同培养市场所需人才的过程中，一方面，专业设置与产业发展对接、人才培养方案与岗位职业要求对接、课程体系与行业企业技术标准对接，校企双方共同开发教材，做到企业人才需求侧和学校人才培养供给侧的对接共振，保证了学生所学即为产业前沿的新知识、新技术、新产品及新工具，从根本上解决了大学传统教育模式中教学内容滞后于实际应用的问题；另一方面，学生通过企业项目实训，专业知识与生产实际相融合地培养，其岗位技能、职业能力和职业素质得到了锻炼，有了质的提高。校企双方的双线联动和深度产教融合，把企业文化、岗位技能提前传授给学生，产教发展共同体模式将产业和教育融合到一起，共同培养人才，全面提升人才培养质量，提高毕业生的就业竞争力，进而实现毕业生的高质量就业。

（二）深化高校就业创业制度改革

我国高校毕业生就业制度体系具有多方面的优势，主要有以下方面：坚持就业优先宏观政策，调动教育内外各方面力量促进高校毕业生就业；坚持把高校毕业生作为重要人才资源，支持和引导毕业生面向服务国家重大发展战略和基层一线就业，着力实现人才合理配置；开展坚持就业指导服务和困难帮扶，帮助学生更充分更高质量地就业。产教融合在优化就业制度体系的同时深化了就业服务体系改革。一是推进大学生职业生涯规划与就业指导课程改革，课程与专业结合，引入企业导师参与，为学生做生涯指导，有利于学生深入了解专业、掌握职业发展路径，进而规划自身的职业生涯，使大学四年能够有目标地学习和生活。二是健全精准信息服务机制，建立"企业－学校－院系"三方就业信息服务体系，利用"互联网＋"精准推送岗位功能，为毕业生精准推送岗位和指导。三是深化行业企业实践教学实效管理，充分发挥校企合作实践基地作用，让学生的专业知识在生产实践中检验，不断修正自己所学。四是开设高质量产教融合培养专班，依托产业资源，结合专业特色，积极建立校企协同育人项目，为企业精准输送优秀毕业生，也实现学生毕业即优质就业的目标。

把创新创业教育融入素质教育各环节、人才培养全过程，推动人才培养模式实现了两个新变化。一是实现了从就业从业教育模式到创新创业教育模式的转变，以创新引领创业、以创业带动就业，形成了高校毕业生更高质量创业就业的新局面。二是实现了人才培养机制的新变化，通过创新创业教育，打破了学科专业之间的壁垒、产业与学校之间的壁垒，产生了令人欣喜的"破壁效应"，实现了多学科交叉融合、跨学科学习、校内外协同。产教融合更有利于将创新创业教育覆盖教育全过程，因为企业导师本身容易促进学生创新创业意识的养成。创新创业教育活动除了集中于大学生科技园、创新创业园、大学生创新创业大赛活动等，企业导师将创新创业教育带进专业、带进课堂、带进项目、带进实践，培植创新创业沃土，培育创新创业意识，培养创新创业精神，培训创新创业技能，为大学生当下及未来创新创业奠定基础。高校秉承服务意识拥抱行业和产业，通过技术改进和技术升级延长应用技术链，以丰富高校新时代背景下创新创业教育的内容和形式，更好地体现创新创业教育的价值，进一步拓展高校创新创业教育的内涵与外延。

（三）企业经济效益、社会效益两全

1. 经济效益

产教发展共同体对企业经济效益的提升有明显的影响。从现实来看，经济效益是企业发展的动力源泉。影响企业经济效益的因素是多方面的，其中人才因素是最核心的因素，企业的竞争力实质是所拥有的人力资源素质与能力，以及企业吸纳人才的能力。在企业的发展过程中，往往会遇到人才、技术等方面的问题，如果人才匮乏，轻则增加企业的运营成本，重则影响企业的生存，产教融合发展形成产教发展共同体无疑是企业人才开源的最佳方式，因为企业可以按照自身需求"定制"人才，将人才培养节点提前到学生在校期间培养，学生毕业后与企业无缝对接，最终实现直接上岗。学生通过四年的学校和企业的专业培养，掌握了市场前沿的技术，企业同时解决了人才和技术的问题，从而

带动企业经济效益的提升。

2. 社会效益

2019 年 3 月，国家发展和改革委员会、教育部联合印发的《关于印发建设产教融合型企业实施办法（试行）的通知》中对产教融合型企业做了定义：指深度参与产教融合、校企合作，在职业院校、高等学校办学和深化改革中发挥重要主体作用，行为规范、成效显著，创造较大社会价值，对提升技术技能人才培养质量，增强吸引力和竞争力，具有较强带动引领示范效应的企业。并列明了建设培育条件。2019 年 9 月，国家发展和改革委员会、教育部及工业和信息化部等多部门联合下发了《关于印发国家产教融合建设试点实施方案的通知》，部署了含福建省在内的 18 个省（自治区、直辖市）和 3 个计划单列市组织实施和协调推进省域内试点城市建设培育工作，以及产教融合型行业、企业试点工作，并给予企业政策支持。试点企业兴办职业教育符合条件的投资，按规定投资额 30% 的比例抵免当年应缴教育费附加和地方教育附加。试点企业深化产教融合取得显著成效的，按规定纳入产教融合型企业认证目录，并给予"金融＋财政＋土地＋信用"的组合式激励。这无疑是产教融合型企业最好的社会效益。

第二节　产教融合发展共同体的价值意蕴及实践路径

校企合作是体现职教特色、提升发展质量的必由之路，但实践中校企合作还存在诸多堵点、难点和痛点困境。校企之间需求差异难匹配、校企各自利益难实现、双方合作效果难做实等。因此，校企合作鼎新之策应走向以实际项目、任务、课题为运行载体，以需求均衡、产权清晰、要素融合、效益分享机制为实践路径的同生共长、发展共促、利益攸关、资源聚合的发展共同体。

2014 年以来校企合作政策指向"支持利用市场合作和产业分工，提供专业化服务，构建校企利益共同体，形成稳定、互惠的合作机制，促进校企紧密联结"的方向，要优化职业教育类型特征，深化产教融合、校企合作后，实现人才、教育、产业、经济的统筹融合便成为新时期职业教育校企合作的旨归。"校企合作"当仁不让地成为提升职业教育质量、实现校企"双元育人"的必由之路。

深度校企合作需专业与产业、教学内容与生产标准、教学过程与生产环节同时精准对接，而过往职业教育定位不清晰长期存在，产业与教育脱节也就一直高悬，加之如何将企业谋求经济效益最大化，政府和学校希图社会效益最大化的不同利益诉求者整合成为彼此依赖、相互促进、合作多赢的有机整体，依然是校企合作发展需要解决的核心问题且无适应性法律制度和体制机制，校企合作常常陷入博弈双输窘境。因此，需切换视角对产教融合介入点与实施路径开展探索。

一、职业教育校企合作的实践困境

职业教育校企合作设计初衷是将学校、企业、行业、园区等多种资源整合起来，通过"教"与"产"精准对接、校与企多向合作、"供"与"需"相互畅通来促进"校企资源共享、人才培养和用工需求互动、教育发展和企业发展共赢"。但实践运行中，需求失衡、利益冲突、合作虚化正成为校企合作的堵点、难点和痛点。

（一）需求差异难匹配是校企合作之堵点

职业院校和行业企业在校企合作过程中必然存在需求差异，究其原因，一方面是二者价值取向和利益诉求的根本性差异导致合作认同难以达成，另一方面则主要是二者资源条件不对等和能力不相匹配。职业教育过往社会认可度低、质量良莠不齐，加之推动校企合作的外部激励和内生动力皆不足，导致校企之间携手合作困难。

（二）利益体系不明晰是校企合作之难点

马克思说："利益把市民社会的成员彼此连接起来。"故正视利益诉求、达成利益共识、解决利益分歧是任何两个独立个体或不同群体合作的基础。而校企双方在合作实践中对利益认知存在偏差，对利益权责界定模糊，利益分享缺乏保障，由此阻碍"产"与"教"难以实现融合。

（三）合作效果空心化是校企合作之痛点

校企合作实施以来，虽然各类职教联盟、合作办学点、现代学徒制试点、公共实训中心、协同创新工作室等校企合作机构不断涌现，但校企之间因身份差异对产权界定争议较大，双方投入的各种资源要素不能有效融合，导致校企合作效果空心化成为校企合作的痛点。

二、产教融合发展共同体的意蕴

以产教共生的校企合作根本目的是促进教育链、人才链、产业链和创新链有机衔接，即通过校企合作提高院校教育质量，促进内涵式发展；推动企业转型升级，实现创新发展；促进经济培育新动能，助推高质量发展。因此，校企合作应构建更深程度、更高层次、更高质量的发展共同体来完成新时代使命。

（一）产教融合发展共同体的内涵

对产教融合的界定主要有两种不同观点。一种是将产教融合看作职业院校与行企根据自身发展需求而达成的广泛深度合作，另一种是把产教融合看作产业和教育两个独立个体融为一体，形成新的独立合作体。

比较两种观点，其核心差异在于对"融合"一词的理解。前一种观点将"融合"看作是两个独立个体的深度合作，但无论合作的深度如何，其本质依然是两个独立个体，这也是前些年校企合作的真实状态。后一种观点将"融合"理解为通过合作、融通而逐渐成为一个新的整体，这符合"融合"的词源含义，几种不同事物合为一体。从国家关于产教融合的政策表述来看，其含义宜采纳第二种观点，即产教融合是职业院校与行业企业在"双元育人"、协同创新中逐渐成为一个新整体的过程。

共同体这一概念最初来自社会学家滕尼斯，他认为，共同体是基于如情感、习惯、记忆等自然意志形成的一种社会有机体。马克思认为，共同体是基于物质条件而形成的利益连接体，因其共同利益这一核心纽带和深层根源，维护并实现个体利益而成为稳定、真实的共同体。

综合上述观点，产教融合发展共同体应是在相互需求前提下，通过产业与教育全面对接，学校与企业深度合作，多功能、多要素介入融合基础上形成的一种以任务、目标为载体，以共同利益为纽带的有机整体。从低层次校企项目合作到高层次产教融合发展共同体，厘清了旨在围绕企业需求，通过教育链与产业链的精准对接，资源链与利益链的共生融合的校企合作深层逻辑，便于校企合作走深做实，形成休戚与共的命运共同体。

（二）产教融合发展共同体的特征

1. 发展共促的新整体

马克思曾指出，"只有当人认识到自身'固有的力量'是社会力量，并把这种力量组织起来因而不再把社会力量以政治力量的形式同自身分离的时候——人的解放才能完成。"《关于深化校企合作的若干意见》也要求"鼓励区域、行业骨干企业联合职业学校、高等学校共同组建校企合作集团（联盟），带动中小企业参与，推进实体化运作。"产教融合发展共同体正是根据马克思论述和《意见》精神，把个体力量组织为社会力量，把个体利益引向共同利益，将不同的优势聚合起来形成一种相互支持、相互融合、相互依赖、同生共长的新型关系，合作各方成为全新的组织，在职业教育中形成集聚优势和规模效益的实体化运作，实现各方效益最大化。

2. 利益攸关的共生体

产教融合发展共同体内企业、学校以产权介入为支点，以股份、混合所有制的形式实现自己的利益诉求。同时，企业、学校、行业、区域社会各自发挥功能优势，彼此连接，共谋发展。这些主体以学校为中心整合，把彼此独立的企业之间、企业与行业之间、企业与区域社会之间从利益不相关或弱相关者转变为利益攸关者。以其比较优势，如资金供给、技能认证、技术创新、就业吸纳等，或服务整个产业链，或服务整个人才链，抑或共同构成一个创新链，任何一方的缺位或损失都可能给其他主体带来利益损害，由此形成一个相互促进、彼此依赖、协同发展的共生体。

3. 资源聚合的增效体

产教融合发展共同体基于纾解政、校、企、社各困境并发挥各自资源优势，将不同产权性质和功能的多元合作主体的资金、管理、技能技术、知识、人力等要素聚合起来，通过项目、任务、科研等实体形式把不同性质的资源不断融合，最终形成一个多要素融合的资源聚合体，从而为"双元育人""协同创新"提供不竭动力，实现更大的经济、社会效益。

三、产教融合发展共同体的实践路径

产教融合发展共同体是一个一体多元、协同共生、利益相容的有机结构。要达成如此结构，校企之间就需要找到均衡需求作为合作前提，以清晰的产权介入为基础，在合作中实现要素融合，最终实现效益分享，以此达成"功能互补、资源互化、风险共担、利益共享"目标。如图7-1所示。

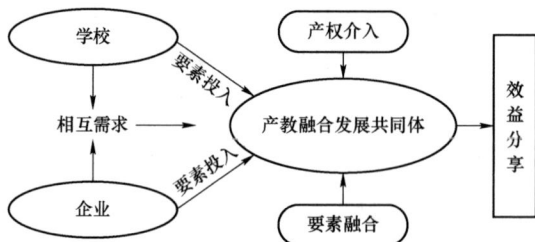

图 7-1 产教融合发展共同体的实践路径

（一）寻求均衡的相互需求

相互需求论是经济学家穆勒用于分析国际贸易的重要理论，它本质上是指供求关系影响商品价值。穆勒认为，贸易条件及其变动是由相互需求对方产品的强度所决定。在国际商品交换比例上、下限范围内，依赖对方产品需求相对强烈的国家，自身产品交换对方产品的能力就要降低。

在校企合作中双方的相互需求决定了合作的契合度。如果校企之间能找到均衡需求点，合作就更易达成且高效。相反，任何一方需求强度大于对方，则在合作过程中的话语能力、交换能力就会处于弱势地位。如职业院校的需求大于企业需求，就易出现要么学校被企业的优势绑架，要么企业不愿意与学校进行全方位的资源、技术、资金共享，使校企合作沦为表象；反之，如果企业需求大于学校需求，企业的交换能力较弱，学校将得不到自己想要的功能补足和资源集聚，也就难与企业实现实质意义的合作。

因此，职业院校需要创新思路，根据自我的办学定位、人才培养目标和资源禀赋优势，与不同合作主体寻求不同的利益和功能需求点，并据此进行有益补充，使之形成均衡的供需体系。不同企业按照各自的需求投入相应的要素，并从中获得相应收益，以此构建企业、行业、园区、研究机构群体相互联系、紧密结合的产教融合发展共同体。

（二）建立明晰的产权介入

产权是一种通过社会强制而实现的对某种经济物品的多种用途进行选择的权利。产权分析学派认为，没有清晰的产权界定，就难以对公平、公正的市场交换进行利益划分、就难以进行效益划分和效益分享，就无法降低交易成本、形成合约基础、促进资源高效利用。作为一种经济活动中的行为权利，清晰的产权界定能够帮助经济活动主体在市场活动和利益冲突中不断地被再界定，从而明确不同主体的行为边界。

在校企合作中，企业是独立的经济活动法人主体，其利益诉求与非营利性法人主体——学校必然不同。二者只有明确了各自的行为边界，才能以清晰的产权表达在共同体中订立合作协议，以自己的比较优势进行公平交换，保证各主体各展所能、各取所需。根据产权学派强调行为主体要以具体的经济行为来界定产权，而不是在法律或宏观的生产资料层面之观点，校企合作需要政府出台相应的法律制度对产权的形式、性质、介入方式、认定方式进行规定，确保所有参与方都能够明确自己的行为边界和权责义务，校企合作的产教融合才能走向深入。

（三）促进多向的要素融合

要素是构成事物存在与运动的最小单元，也是系统变化发展的动因。《中共中央　国务院关于构建更加完善的要素市场化配置体制机制的意见》中指出，土地、劳动力、资金、技术、数据等要素市场化配置改革，能够进一步激发全社会的创造力和市场活力，推动经济发展质量变革、效率变革、动力变革。《关于深化校企合作的若干意见》允许有条件的地区探索推进职业学校股份制、混合所有制改革，企业可以用资本、技术、管理等要素参与到职业院校人才培养、技术研发、产业培育、成果转化之中，从而解决当前校企合作实体缺乏、资源分割、动力不足的问题。

企业以要素投入成为校企合作主体，通过输入技术技能、合作教学、师资混编、资源共建等实践运行途径与职业学校达成各自要素禀赋的功能互补。同时通过建立有效的管理体制和运行机制，在合作过程中不断促进要素融合，逐渐融为不可分割的主体，进一步激发不同要素禀赋的潜能发挥，实现 $1+1>2$ 的价值与效益目标。例如，企业投入技术合作后，通过共同体持续的技术研发、迭代升级后，企业原技术被新技术取代，而新技术已经转化为协同创新成果，校企双方共享其中的知识产权，技术要素就得以被融合成发展共同体的教学与生产要素，以此不断增强共同体的生命力。

（四）实现持续的效益分享

各取所需、效益共享是产教融合发展共同体的生命力本源。新一轮的国家校企合作发展战略意识到了企业的本质在于获益这一基本前提，《关于深化校企合作的若干意见》提出要利用市场合作和产业分工，构建校企利益共同体。从此校企合作可以通过市场化方式运作，实现职业院校和行业企业合法经济和社会效益。产教融合发展共同体首先要以具体的项目、真实的任务情景、科研课题等为载体，然后对这些载体进行市场化运作，以此创造更大的收益。

作为促进职业教育更具吸引力和企业转型升级，以及经济社会更高质量发展重要途径的校企合作，归旨产教共生之路，打破传统思维和固化模式，通过平衡利益攸关者的需求点，构建起一个相互需求均衡、在法律界定的清晰产权框架内运用市场化方式达成各方价值诉求的共同体，不断推进行业企业和职业院校之间全方位、有深度、实质性的合作，实现更健康、更持久、更具生命力的发展。

第三节　共促学生就业创业的成效

在产教发展共同体的模式下，学校和企业通过共同制订培养方案、共享师资、共建课程、联手参加创业赛事，将行业前沿知识引入课程教学，将学生提前带入实践应用场景，有效激发学生创新创业的意识，拓展学生创新创业能力，从而催化了学生自主创业，以创业带动就业，解决自身与他人的就业问题，促进学生更充分就业。对学校而言，毕业生充分就业、高质量就业、创业等均能提升学校的社会正面影响力和美誉度，吸引力充足且高质量的生源，从而促进人才培养的高质量发展，提高民办高校的综合竞争力，使学校实现可持续、快速健康发展，综合而言，即就业促招生、招生促发展。对企业而言，人才是企业发展的核心，决定了企业发展的持久性。企业与高校产教深入融合，创新了企业人才战略模式，满足企业高质量人力资本的要求，提升企业发展质量与速度。

一、创业教育的含义

1989 年，联合国教科文组织在北京召开的面向 21 世纪教育国际研讨会上，首次提出了创业教育的概念。创业教育被联合国教科文组织称为教育的"第三本护照"，被赋予了与学术教育、职业教育同等重要的地位。创业教育的特性表现如下。

创业教育不是一个独立的教育体系，而是对传统的适应性、守成性、专业性教育的改造、延伸和提升。

创业教育是基础教育、职业教育和继续教育三大教育体系的整合。

创业教育是知识教育、能力教育和情感教育的整合。

创业教育是一种理念，是培养人的创业意识、创业思维、创业技能等各种创业综合素质，并最终使被教育者具有一定的创业能力的教育。

（一）创业教育的概念

什么是创业教育？联合国教科文组织是这样定义的：创业教育，从广义上来说是指培养具有开创性的个人，它对于拿薪水的人同样重要，因为用人机构或个人除了要求受雇者在事业上有所成就外，还越来越重视受雇者的首创、冒险精神，创业和独立工作能力以及技术、社交、管理技能。

美国 CELCEE（企业家教育）是这样定义创业教育的：创业教育是指提供人们以概念和技能辨识他人忽略的机会，具备洞察力、自我评估能力和知识技能，在他人犹豫不决时果断地行动的过程。它包括机会辨识、面对冒险时的资源调度，以及进行商业冒险等方面的教育；同时，它也包括商业管理运作过程中的教育。因此，创业教育既是一种素质教育，也是对企业创建和新创企业管理运作的教育。

研究者对创业教育的定义因研究对象及研究目的的不同而存在一定的差异，主要可以归结为以下两类。

人才说。以培养创业者为导向，认为创业教育的目的就是培养能够创造工作岗位的人，即自主创业。

素质说。以培养企业家精神为依归，认为创业教育是为了培养和提高创业者的素质，特别是创业精神和创业能力，以更好地适应工作的要求，即岗位创业。

综上所述，创业教育可以定义为：通过高校课程体系、教学内容、教学方法的改革，以及第二课堂活动的开展，以开发和提高学生的创业基本素质为目标，培养具有开创性个性人才的教育思想和教育实践，不断增强创业意识、创业精神和创业能力，并将其内化成自身的素质，以催生时机成熟条件下的创业人才，为未来社会的经济发展发挥个体与群体的主动性和创造性。

（二）创业教育的内涵

创业活动要求学生具备自主、自信、勤奋、坚毅、果敢、诚信等品格与创新精神，要求学校培养未来创业者与领导者的成就动机、开拓精神、分析问题与解决问题的能力。创业教育的宗旨在于培养学生的创业技能与开拓精神，因此，创业教育的内涵包括以下几个方面。

① 通过创业教育将创业者的创业经验、创业知识和创业技能，以及他们对创业的理解传递给学生。

② 通过对学生进行创业教育，将创业精神内化为学生的精神气质，使创业成为学生的一种生活方式和思维方式。

③ 通过进行创业教育，培养学生的创业素质和企业家精神。不管学生将来

是否自己创业，他们都会因为拥有了这种精神气质而使工作更具有开拓性、创新性和进取性。

二、高职院校开展创业教育的必要性

高职院校开展创业教育的必要性主要体现在以下几方面。

（一）开展创业教育是创新型国家建设的迫切需要

加强知识创新和技术创新，发展高科技，实现产业化，是解决我国经济发展面临的深层次的问题，是提高国民经济综合实力，实现跨越式发展的紧迫要求，也是应对国际竞争，确保中华民族在 21 世纪立于不败之地的战略抉择。据统计，我国科技成果的转化率仅有 6%～8%，而发达国家为 50%左右，即使是在中关村这样一个人才密度远高于美国硅谷的地方，科技成果的转化率也仅有 20%，而美国硅谷却高达 60%～80%。建设创新型国家的首要问题是在全社会培育创新精神，关键是使企业成为创新主体，核心要素是造就大批创新型人才。而创新精神的培养、企业创新主体地位的确立、创新型人才的造就，在很大程度上都依赖于创业教育，这是时代和现实的必然要求。

（二）开展创业教育是世界经济一体化发展的需要

从世界角度来看，伴随着知识经济的降临而萌发的创业教育，正在成为全球高等教育发展和改革的新趋势，并且已经延伸到职业教育和基础教育领域。一方面，创业教育从学生的实际出发，根据经济社会的发展变化，通过各种教育手段，提高学生发现问题、分析问题和解决问题的能力；另一方面，创业教育特别强调培养学生的自我意识、参与意识和实干精神，使学生掌握创业技能，以便能在社会生活中灵活地进行创业活动。

（三）开展创业教育是高等教育改革的迫切需要

随着高等教育和职业教育改革进程的加快，从精英教育到大众化教育的转变导致就业压力很大，如何有效地解决毕业生就业问题，将是一个严峻的问题。《中华人民共和国高等教育法》规定高等教育的任务是培养有创新精神和实践能力的专门人才，充分体现了高等学校的作用和任务。要进行完整的教育，特别是创新教育，应以创业教育，培养学生的创业意识（精神）和能力为基础，使大学毕业生不仅成为求职者，而且逐渐成为工作岗位的创造者。实施创业教育，可以培养和造就数以百万计有创业精神和创业能力的小型企业家，这既可增强国家的经济活力，又可优化人力资源配置，缓解社会就业压力，使学校毕业生不仅是求职者，更是工作岗位的创造者。

（四）开展创业教育是促进学生个体发展的必然需要

现代社会对大学生的要求越来越高，不仅需要大批知识扎实、能力强、心理素质高、具有开拓创新能力的高级专门人才，而且还需要一批能创造就业机会的人才。当代学生也更加关注个性化发展，越来越多的学生以创业为目标，追求最大限度发展个性、实现自身价值。同时，面对激烈的就业竞争压力，不少学生在掌握基本技能的同时也迫切希望学习一定的创业知识，这就要求学校通过开展创业教育，开发和提高学生的创业基本素质，培养和提高学生的生存能力、竞争能力和创业能力等。

三、催化学生自主创业

（一）以学引创——"产教发展共同体"模式下的学习引导学生创新创业

产教融合为学生在校学习期间提供大量的企业真实工作经历，专业实践教学环节可面向企业真实生产环境设立，在学中做，在做中学。如高校计算机科学与技术专业学生毕业设计选题全部来源于企业，可让学生直接参与项目开发、管理、运作等各个工作环节，在企业导师的带领指导下，学生能尽快地适应企业的实际生产环境，少走弯路，少犯错误，并在过程中不断提高工程应用能力。企业生产环节与学习环节的有机结合让学生能够直观了解行业、企业发展最新动态，使学生在获取专业知识的同时积累创业储备，走到离创新创业最近的地方。

（二）以赛促创——"产教发展共同体"模式下校企联手参加各类赛事促进学生创业

2015 年 5 月，国务院办公厅印发了《关于深化高等学校创新创业教育改革的实施意见》，要求强化创新创业实践，举办全国大学生创新创业大赛，办好全国职业院校技能大赛，支持举办各类科技创新、创意设计、创业计划等专题竞赛。学校鼓励学生参加国家级、省级各类创新创业大赛、学科竞赛，如中国"互联网＋"大学生创新创业大赛、国家大学生创新创业训练计划项目等，而企业导师是竞赛最好的资源。企业导师可以将企业生产、研发中遇到的问题进行立项，与学生、专业教师联合申报国家大学生创新创业训练计划项目（国家大学生创新创业训练计划旨在通过强化学生创新创业能力训练，增强学生的创新能力和在创新基础上的创业能力），学生在企业导师和专业导师的指导下运用专业知识研究、解决实际问题。如项目结题验收考核为优秀，企业导师与专业导师可继续指导学生将项目成果参加创新创业大赛或学科竞赛，在竞赛活动中，学生学习兴趣和克服困难的毅力增强，学习积极性得到充分发挥，有利于学生创新能力的培养，也有利于促进学生创业。学校自 2016 年以来，校企双方联合申报了国家大学生创新创业训练项目近 60 项，获得国家级立项 16 项。

（三）以创业带动就业——促进毕业生充分就业，实现学生自身价值

就业是最大的民生。2017 年 4 月，国务院下发的《关于做好当前和今后一段时期就业创业工作的意见》中明确提出，要促进以创业带动就业；2018 年 9 月，《国务院关于推动创新创业高质量发展打造"双创"升级版的意见》出台，持续推进创业带动就业能力升级，培育更多充满活力、持续稳定经营的市场主体，直接创造更多就业岗位，带动关联产业就业岗位增加，促进就业机会公平和社会纵向流动，实现创新、创业、就业的良性循环。创业带动就业的最大特点就是要形成"一人创造一批岗位"的就业模式，它突破了传统的"一人一岗"的就业模式，变加法为乘法。大学生创业在解决了自身就业问题的同时创造了更多的就业岗位，提供给其他就业者，将自我价值与社会价值统一起来，缓解了社会的就业压力，促进了更充分的就业。

四、保障学校持续发展

人才培养质量是高校发展的核心，而毕业生就业工作是检验人才培养质量的重要指标。近几年，产教融合发展共同体的育人模式已成为高校提升人才培养质量的重要载体之一，通过产教融合共同发展，毕业生就业工作成效越来越

显著，毕业生就业率、专业对口率、薪酬水平、学生就业满意度、自身职业期待吻合度、用人单位对毕业生的评价等都逐年提升。

毕业生的高就业率与高质量就业提升了本校的社会影响力和美誉度，各主流媒体积极报道学校的就业成效，从而吸引了更多的高质量生源。从某种程度上说，就业率高低是考生和家长在报考时衡量学校的重要标准之一。近几年来，高校就业率及就业质量的提升，使得招生报到率与招生质量也随之提升。

学校以高质量的生源促进了人才培养的质量发展，坚持育人为本、特色办学，不断增强民办高校人才供给的适应性和灵活性，提高民办高校的综合竞争力，服务于区域经济发展，在激烈的办学竞争中赢得主动，实现可持续、快速健康发展。

五、创新企业人才战略

《国家中长期人才发展规划纲要》中序言部分对"人才"做出如下定义：人才是指具有一定的专业知识或专门技能，进行创造性劳动并对社会做出贡献的人，是人力资源中能力和素质较高的劳动者。人才是我国经济社会发展的第一资源。人才是企业发展的核心，决定了企业发展的持久性。进入全球化时期后，企业从未停止过对人才的争夺，且愈演愈烈。由于信息化加速了人才流动，故而企业吸引、激励和留住人才的成本也越来越高，若要打造"未来企业"，需要不断重新思考自己的人才战略。企业人才战略重点包含两个部分：第一是"质"，即人才质量——人才的能力要求达到的水平，与企业所处的行业和市场竞争环境相关；第二是"量"，即人才数量——企业需要的人才数量，与企业的业务发展情况相关。根据人才质量与数量的匹配，可以将企业人才战略分为五种类型。

（1）掠夺型战略，既追求人才数量，也追求人才质量。

（2）精英型战略，追求人才质量，但不追求人才数量。

（3）规模型战略，追求人才数量，但不追求人才质量。

（4）收缩型战略，对人才数量与人才质量的要求都较低。

（5）稳健型战略，对人才数量与人才质量都保持中等的要求。

随着企业与高校产教深入融合，高校创新企业人才战略模式，称之为"定制型战略"。该战略既保障了人才数量，也保障了人才质量，同时将人才队伍培养的时间提前1～2年，学生在校期间是对知识最渴求且对社会认知较为简单的阶段，此时企业结合专业技能知识将企业文化输入给学生，可大大增强学生对企业文化的认同感，从而提高学生对企业的忠诚度。该战略可提前布局企业人才战略方向，盘点、筛选和评估现有人才，确定下一步符合企业战略目标的人才要求，形成人才地图，全面提升人才培养的针对性和适用性，缩短人才培养周期，满足企业高质量人力资本的要求，将企业人才培养推向一个更高的层次与水平，进而提升企业发展质量与速度。近几年，高校院通过产教融合定向培养的方式，向合作企业输送了一批又一批的毕业生，其中有的已经成为企业骨干人员。在现代化经济体系中，企业已不再是单纯的产品生产者和服务提供者，更是技术创新和技能人才的重要需求者和孵化者。对于企业而言，深化产教融合也是培育市场创新主体、打造产业核心竞争力的内在需求。

六、产教融合的高职院校创新创业教育共同体的构建

（一）积极采用先进网络信息技术

高校双创教育工作中采用产教融合模式，应该积极采用网络信息技术，遵循创新型人才培养原则，在现代化信息技术的支持下，有效完成各方面的双创教育工作任务。应该重点将双创教育和学科教学相互整合。高校采用产教融合模式的过程中，应该将相关的双创工作和专业教育整合在一起，将学生专业发展的兴趣当作是切入点，融入社会实践操作的实训课程，引导学生在学习基础知识的过程中，积极参与到实践操作活动中。在此期间，可以采用 VR 技术、AI 技术、大数据技术与云计算技术等，为学生设置专业课程教学与实战操作方面的情景模拟模式与企业运营模式等，将双创教学和学科教学等有机整合在一起，培养具有双创能力的人才队伍，提升整体教育指导工作效果。在教育工作中，应该在双创教育工作中融入前沿理论知识，结合产教融合的特点与实际情况，将最新的科研成果融入相关的双创教育体系中。高校在教学指导过程中，要求按照学生的职业规划特点与专业特点等，设置相应的实践操作课程与理论课程，利用实践性的方式培养学生的前沿精神与战略精神，培养学生的双创能力。要求创建出多元化主体相互联动的良好双创育人模式，将产教融合当作是基础部分，利用网络信息技术与行政管理、院系相关部门相互合作，构建出较为完善的双创育人平台，统筹规划各个部门的双创教育力量，重点培养学生的

创新创业能力，形成线上与线下、理论与实践操作相互整合的双创育人工作模式，满足当前的教育指导需求。

（二）提升企业与社会的参与积极性

为确保在高校的双创教育工作中有效应用产教融合的模式，应全面提升企业和社会参与积极性，整合各方的力量，培养大学生良好的创新创业能力，提升整体的教学质量。在建设教师人才队伍的过程中，应该积极鼓励企业参与其中，在企业人才的支持下，形成企业与学校的双重教师人才队伍，邀请具有良好理论素养、技术能力与创新能力的企业人才加入到双创教育中，共同培养学生的创新创业能力，使得学生在学校教师、企业人才的指导下，学习到更多创新创业经验、操作技能与专业知识。应积极建设相关的实习实训基地，整合学校与企业中的各种育人资源，在产教融合的过程中，高校与企业之间共享科研实验室、机械设备与实训场地等，充分利用各种教育资源，在各类教育资源的支持下，培养学生的双创能力。高校在教育工作中应该将服务区域内产业经济发展当作是主要目标，按照区域内的经济发展需求与企业人才需求等，相互之间高效化沟通交流。

（三）健全教育工作体系

高校的双创教育过程中，采用产教融合模式，应该健全相关的教育工作体系，保证双创教育的规范化与有效性开展，提升整体教学指导工作质量。高校应该积极组织有关专家全面分析双创教育的内容，共同努力建设标准化的教育模式，提升整体的教育指导工作水平。要求明确具体的双创教育工作标准，设定目标课程、人才培养标准，营造良好的教学条件，严谨开展各方面的教学指导工作，提升整体的教学工作水平。应做好双创教育的考核评价。评估工作中，一旦发现产教融合过程中双创教育存在问题，就必须要做出整改，系统化开展各方面的教育指导活动，提升整体的双创教育质量。需要注意的是，在高校的双创教育工作中，应该将培养社会需要的人才作为导向，在设计相关课程的过程中，要求积极融入产教融合的理念，按照市场与行业人才需求，培养高素质的双创人才。在此期间，高校与企业之间应该共同分析与研究实际情况，完善其中的课程内容，将专业特色化凸显出来，重点培养学生的创业能力与创新意识，提升教育工作质量。

（四）建立双创教育保障机制

近年来高校在培养双创人才的过程中，已经开始采用产教融合的模式，为构建相关的教育共同体，应建立双创教育保障机制，将教学工作和市场人才需求、社会人才需求对接，提升整体的教育质量。在实际工作中应该强化政府部门、企业方面的支持力度，健全产教融合教育的制度，增加经费，编制完善的教育工作计划方案，利用科学化、标准化的教育方式开展工作，培养新时期背景下社会与企业需要的优秀的创新创业人才队伍。

参考文献

[1] 柏芳燕. 构建产教融合生态圈的研究与实践 [M]. 北京：中国原子能出版社，2020.

[2] 郭红兵，王占锋，张本平，等. 产教融合校企合作高校建筑类特色专业群建设的研究与实践 [M]. 北京：北京理工大学出版社，2021.

[3] 胡赤弟. 产教融合制度路径模式 2017 宁波高等教育研究论坛论文集 [M]. 杭州：浙江工商大学出版社，2018.

[4] 黄佳. 产教融合一体化育人策略与实践 [M]. 北京：中国原子能出版社，2021.

[5] 黄立. 产教融合背景下高职院校"双师型"教师团队建设研究 [M]. 长春：吉林人民出版社，2020.

[6] 黄艳. 产教融合的研究与实践 [M]. 北京：北京理工大学出版社，2019.

[7] 蒋新革，等. 新时代高职产教融合路径研究 [M]. 广州：中山大学出版社，2021.

[8] 黎鲲. 高职院校产教融合模式及其评价机制 [M]. 西安：陕西人民教育出版社，2022.

[9] 李家祥. 云南职业教育产教融合、校企合作的理论与实践 [M]. 昆明：云南大学出版社，2022.

[10] 刘平雷，赵倩，周林，等. 产教融合专业学位研究生教育的理论与实践 [M]. 南京：河海大学出版社，2022.

[11] 鲁武霞，沈琳. 混合所有制"共享工厂"高职产教融合的新模式 [M]. 南京：河海大学出版社，2021.

[12] 马洪奎. 搭建产教融合平台深化新时代应用型传媒人才培养改革 [M]. 重庆：重庆大学出版社，2021.

[13] 秦凤梅. 职业教育产教融合质量评价探索 [M]. 重庆：重庆大学出版社，

2021.

[14] 王培松. 产教融合视域下高职教学管理理论与实践研究［M］. 长春：吉林科学技术出版社，2021.

[15] 王云雷. 产教融合［M］. 北京：团结出版社，2020.

[16] 谢少娜，洪柳华，傅燕萍. 基于产教融合背景下的高职学生就业创业教育研究［M］. 沈阳：辽宁大学出版社，2021.

[17] 许士密. 行业学院模式下地方高校产教融合专业群建设研究［M］. 青岛：中国海洋大学出版社，2019.

[18] 张华，朱光耀，易忠奇，等. 校园＋产园智造工匠产教融合培养研究与实践［M］. 北京：北京理工大学出版社，2021.

[19] 张蕴启. 深化产教融合提升内涵建设水平［M］. 成都：四川大学出版社，2015.